JN115935

パーパス浸透の教科書

株式会社ピグマリオン
柏 恵子

マネジメント社

はじめに

～「作った」でも「使えない」を解決する～

みなさんの会社では、社員の方々がやりがいを持って、いきいきと働いていますか？ 多くの人が、「ここで働きたい」と思えるような会社になっていますか？ そして、世の中からその価値を求められ、世の中に貢献できる会社になっていますか？

本書でお話するパーパスには、会社と個人が共通の想いをエネルギーに転換して、働きがいのある会社を実現するために、力強く前へ進む力が秘められています。企業価値や業績の向上だけでなく、より良い企業文化の形成によるモチベーションアップや、それによる離職者の減少など、さまざまなことに効果を発揮します。もし今、パーパスはあるけれど使われていないという状態であるならば、それはとても、もったいないことです。

パーパスとは、「存在意義」「志」「使命」のことです。個人や組織のパーパスもありますが、会社として使う場合は、一般用語で経営理念と言われています。経営理念には、社是・社訓、ミッションやウェイなどさまざまな言い方がありますが、パーパスもその中のひとつです。本書で詳しく紹介しますが、現在多くの企業がパーパスへの改定に取り組んでいます。

一方、パーパスが流行っているようだから「作った」、でも「使えない」という企業も増えています。社長、経営層が繰り返し話をしても、浸透していかないのはなぜなのでしょうか？ 本書は、それを解決するための本です。

はじめまして。私は、株式会社ピグマリオンの代表を務めております柏惠子と申します。

パーパス策定・浸透のコンサルタントとして、企業経営者や担当部門をサポートしています。パーパスの社内への浸透をサポートするために、「パーパス浸透ワークショップ」の進行役（ファシリテーター）をすることもしばしばです。

会社設立以来、過去７年間で個々の企業に合わせた100本を超えるパーパス策定・浸透ワークショップで進行役を務め、現在は策定・浸透のワークショップだけでなく、「アンバサダー養成コース」「アンバサダー・リーダーズ会議」の開催など、浸透プログラムを推進しています。

パーパスを策定・刷新をする企業はますます増えていますが、同時に「パーパスをどのように浸透させていけばよいのか？」というお問い合わせをたくさんいただくようになりました。

ご相談の中で多いのが、浸透過程での行き詰まりです。

「自分たちで作ったのですが、浸透させる方法は模索中です」

「効果的な浸透の方法が見つかりません」

「パーパスは完成しているのですが、浸透の段階で行き詰まりました」

つまり、作ったものの使いこなせないというご相談です。

「パーパス経営」という言葉が行き渡り、必要性や掲げる意味については理解が進んでいますが、実際の策定や浸透の方法については、まだまだ情報が少ないのです。

パーパスの浸透で最も大切なポイントは、「使えるか・使えないか」。つまり作り上げるより浸透させるほうが、はるかに重要で難しいのです。

そして、パーパスには、パーパスに適した浸透の方法があります。

わかりやすく話したはずの**「社長の講話」が伝わらないのはなぜか？**

つまり、「私はこう想う」という経営者の想いを上から下へ伝達するのがこれまでのやり方だとすれば、**パーパスの浸透は、「私たちはこう想う」というやり方をしなければならないからです。**

そして「We（私たち）視点でのゴールの浸透」は、これまでの浸透方法とは異なります。

私たちという視点で浸透させるためには、社内に旗振り役が必要になります。

本書では「アンバサダー」と名づけて紹介します。

社長ではなく、その旗振り役の人たちが浸透の目的や浸透の方法を正しく理解し、パーパスを社内に広め浸透・定着させていくのです。

浸透・定着には、1回15分からできる「つまどう（つまりどういうこと）会議」というパーパス浸透会議が効果的です。

パーパスの解像度を上げ、浸透させ、職場を、文化を変えていくパワーのある会議です。パーパスの浸透だけでなく、チームのスローガンを浸透させて共通言語を持ったチームになりたいというようなリーダーの方にも、ぜひ使ってもらいたいやり方です。

本書では、パーパス浸透の考え方と、その実務としての経験、**「つまどう会議」の実際の浸透ワークショップの実施の仕方まで、みなさんの会社で、みなさんの手で展開できるように具体的な方法について紹介します。**

目次に「実践」とついている第４章からは、まさに実践的なワークショップ運営の手法の解説になりますので、浸透の実務を行っている方が、第４章から読み始めてもわかるような構成にしました。

本書では一貫して、パーパスという言葉を使い解説していきますが、パーパスを「経営理念」「ウェイ」「ミッション」「ビジョン」と言い換えることもできます。

「We（私たち）」視点で作られた経営理念やチームのゴールの浸透にもぜひご活用ください。

本書が、経営者の方のみならず、パーパス・バリューを管轄する経営戦略室や人事・総務部、また実際に浸透を丸投げされてしまった現場の管理者や担当者、社内旗振り役に任命された方たち、そして、パーパスの浸透をきっかけに自らのチームを変えていきたいリーダーのみなさんの「パーパス浸透の教科書」の役割を果たせれば幸いです。

株式会社ピグマリオン
柏　恵子

目次

第1章

パーパスとは何か？

パーパスとは何か？

今、パーパスを経営の根幹として事業を行う「パーパス経営」が注目されています。

パーパスという英語“purpose”は、もともとは目的・意図という意味を持ちます。パーパスとは、企業の存在意義、志、使命、社会における役割です。

何のためにこの会社があるのか？
なぜそれをやっているのか？

を明らかにしたものです。

本題に入る前に言葉の定義を確認しておきましょう。

パーパスは、大きな概念で言うと、また一般的な日本語に直すと「経営理念」となります。研究者が論文などを発表する際も学術的にはすべて経営理念といいます。経営理念とは、組織の使命・志、方向性やゴール、行動をする際の判断基準などを明らかにしたものです。

本書では、全体の話をする際は「パーパス」という言い方で統一します。ただし、日本でパーパスという言葉が使われ始めたのは2020年頃からであり、それ以前から研究が蓄積されていることに関しては、一般用語である「経営理念」という言い方をします。

前述のとおり、パーパスも本来、経営理念のひとつであり、同じ意味の言葉ですので、混同しないように読み進めてください。

また、厳密に言うとそれぞれ異なる意味を持つのですが、もしこの本を手にとってくださったあなたの会社が、別の言い方をしているならば、パーパスを「ミッション」「信条」などと、適宜読み替えてください。

今、パーパス経営は、非常に注目されていて、多くの企業が経営理念をパーパス型に刷新しています。

そのため、弊社のホームページに掲載されている「よいパーパスは、こう作れ！」という記事は、多い時は1日に500近いアクセスがある人気の記事になっています。

それだけ多くの方がパーパスの作り方で悩んでいるということだと思います。

パーパスの作り方を解説してしまうと、本書の主題であるパーパスの浸透に紙面を割けなくなってしまうので、本書では割愛させていただきます。ご興味がある方は、以下の記事をご覧ください。

https://pygmalion-hrd.com/blog/comprehension/2020-06-15/

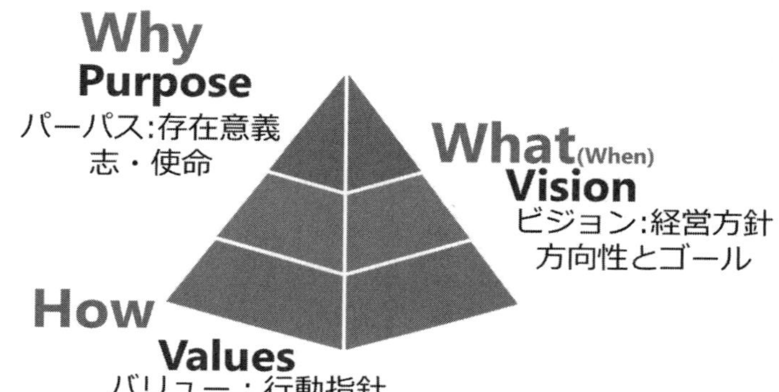

パーパスの構造を理解する

パーパスの役割を正しく理解するために、まず構造についてお話します。

パーパス型の経営理念には、いくつかの種類があり、次のような構造がよく使われています。

- **1行でパーパスを表した1階層型**
- **「パーパス」「バリュー」のように2階層型**
- **「パーパス」「ビジョン」「バリュー」のように3階層型**

どのような呼び方をしても、どのように作っても自由なのですが、この3階層型で説明すると、以下のようになります。

- **Why（なぜ）を明らかにしているものが「パーパス」**
- **What（何を）を明らかにしたものが「ビジョン」**
- **How（どのように）を明らかにしたものが「バリュー」**

具体例を挙げてもう少し深掘りしていきましょう。

ある架空の照明器具メーカーの「パーパス」「ビジョン」「バリュー」を基に考えてみます。

1階層型というのは、例えば

「想いと技術で『**あかり**』を変え、世の中を変えていく」という1文のみで構成されているものです。シンプルでパワフルな言葉ながら、実現のために何をすればいいのかわかりにくいと思われるかもしれません。

2階層型というのは、例えば以下のようなものです。

パーパス

想いと技術で『あかり』を変え、世の中を変えていく

バリュー

互いに助け合う

自ら考え行動する

チャレンジを楽しむ

私たちが一番「あかるく」あれ！

パーパスを実現するために実際に何が必要なのかが具体化されています。ただ、チャレンジを楽しむには？ 私たちが明るいってどういうこと？　とまだ抽象度が高いように感じるかもしれません。

この例は２階層をパーパスとバリューで構成しましたが、パーパスの作り方に特に決まりはなく、実際はパーパスとビジョンの２階層も、ビジョンとパーパスの２階層もあります。

３階層型は、次のように設定します。

パーパス

想いと技術で「**あかり**」を変え、世の中を変えていく

ビジョン

私たちは〇〇技術のリーディングカンパニーとして
世の中に「やすらぎのあふれる生活」をお届けします

バリュー

互いに助け合う
自ら考え行動する
チャレンジを楽しむ
私たちが一番「あかるく」あれ！

同じバリューとの組み合わせですが、パーパスをビジョンが補完するようになっています。ビジョンにもっと具体的な「〇〇年にリーディングカンパニーになります」と明

言する場合もあります。

みなさんの会社では、パーパスはどのような構造になっていますか？

他の会社では３階層が多いからといって、３階層でなくても大丈夫です。

そもそもビジョンというのは、刻々と変わる環境変化やお客様のニーズの変化に合わせて常に修正していく必要があります。環境変化が激しい中で、また事業領域が多岐に渡る場合、ありありとビジネス上のビジョンを思い浮かべるのは、難しい場合も多く、結果としてビジョンも抽象度の高い言葉が選択される場合が多いのです。

そのため、ビジョンについては中期経営計画などで都度見直すというのもひとつの手法です。

ただし、**行動につなげたいのであれば、バリュー（行動指針）は必要です。**

私のおすすめは、パーパス・バリューの２階層です。もし、みなさんの会社の経営理念がパーパス・バリューの２階層型で、それがシンプルで覚えやすいものであれば、パーパスの浸透はより速度を上げることができるでしょう。

パーパスが求められる理由

2020 年以降、経営理念をパーパスに作り変える企業が増えていますが、「なぜその必要があるのか」を紐解くためには、経営理念の変遷をたどる必要があります。

学術的な領域で論文を書いたり研究をしたりする際には、言葉の定義が必要です。

経営理念という言葉で研究が始まったのは 1950 年代に遡りますが、実際に多くの論文が書かれたのは 1970 年代からです。

経営理念の定義の変遷を 1970 年代から見てみましょう。

最初のほうは、例えば「経営者自身によって」であるとか、「経営者が企業という」というように、経営理念の定義に経営者という言葉が入っています。しかし、2000 年あたりを境にその言葉が消えていきます。

そのあたりで**経営理念は、経営者の覚悟を表したものから、組織や株主など利害関係者を意識したものに変化しています。社内で言えば、社員みんなのものに変わっていったのです。**

なぜそのような流れになっていったのかは、さまざまな要因がありますが、終身雇用の崩壊、あわせて転職を躊躇しない雇用流動性が進んでいることで、企業側が社員を雇ってあげる、一生面倒を見てあげるという上から目線のスタンス（立ち位置）では通用しなくなり、社員にとって魅力ある会社であり続けなければ、優秀な社員から転職してしまうという事情も大きな理由のひとつとして挙げられます。

また、「ダイバーシティ・エクイティ＆インクルージョン」が叫ばれるようになりました。Diversity（多様性）・Equity（公平性）・Inclusion（包括性）の３つをあわせた言葉です。つまり、多様な人を受け入れて成果を出す流れの中で、ひとりひとりの社員を大切にするという価値観も、経営理念に反映されてきました。

2020 年あたりからはパーパスという言葉が出てきます。**経営理念はパーパスとして、社会から自分たちの会社がどのように見られているかも考慮したものに進化していきます。**

これからの時代は、世の中に向けて自分たちの社会への貢献がわかるようにしないと、市場・社会から選ばれなくなるリスクがあるのです。

本書を執筆している 2024 年の現在、人的資本経営が叫ばれ、社員の価値を最大限に引き出すことが中長期的な企業価値の向上と言われています。

これまで以上に会社を支えている社員の能力や経験、そしてモチベーションを高く維持してもらう必要があります。「この会社は嫌だ」と感じたら優秀な人から離職されてしまうのです。つまり、社員から選ばれる時代になった

パーパス　メッセージの方向性が変化

経営者の覚悟・信念

2000年
組織体のものへ
（従業員・株主など利害関係者）

2020年
社会への提供価値・存在価値

(kornn/shutterstock.com)

のです。

「社会から選ばれ、社員から選ばれる会社へ」

そのような世の中の要求にパーパス型の経営理念が、適合したということです。**パーパスは、内側（社内へ向けて）と外側（社会へ向けて）の両方を意識して作ってこそ、その効果が最大化されるのです。**

上意下達のパーパス浸透はアウト！

このように時代の変化に合わせて、経営理念の主体は変化を続けています。境目はざっくりですが、**2000 年あたりまでは、経営者の覚悟や信念を表明した主語がⅠ（私）**

が多かったのが、2000 年以降は主語が We（私たち）に変化しました。

「私たち」のもの～主体が誰なのかは浸透にとって重要なポイントのひとつになります。

そして経営者の覚悟や信念を表明した主語が I（私）から、We（私たち）に変化しているのであれば、浸透の方法にも変化が必要です。

旧来は経営者からの訓示、大きな会社だと経営者が各事業所をキャラバン（各地を隊を組んでまわること）して、車座で経営理念について話し合うような手法もとられてきました。これらの方法は、トップダウンの上意下達型の浸透手法です。

しかし、せっかく We（私たち）が主体のパーパスに書き換えたのに、浸透方法だけが昭和のままでは本当にモッタイナイ。

もしキャラバン中の経営者がお読みになっていたら、本当に申し訳ないのですが、「なぜ浸透しないのか？」の理由はそこにあります。We（私たち）視点を浸透させるならば、上意下達型の浸透や、朝礼で強制的に唱和させる手法はアウトです。

パーパスづくりの目的

浸透を円滑に進めるためにも、もう少し基本的なことに触れておきます。

それぞれの会社によって事情や環境が異なりますが、そもそもパーパスを作る目的には、どのようなものがあるのでしょうか？

HR 総合調査研究所が 2013 年に実施した「企業理念浸透に関するアンケート調査」によると、1 位は企業経営の方向性の明確化でした。2 位は、社員の行動規範づくりでした。行動規範づくりというのは、上から命令して社員の行動を制御したいという欲求もかなり含まれていそうです。

この時点での経営層・人事総務の各責任者の方の頭の中には、若干昭和的、管理統制を目的として経営理念を使いたいという意識が見てとれます。

それから 11 年経った 2024 年現在、経営理念策定や改定にかかわる際に課題を聞くと、「社員モチベーションの向上」を上位に挙げる企業が増えています。前述の調査では、モチベーションの向上は第 8 位でしたので、この 11 年で目的が大きく変わってきたことがわかります。

私は経営者の問題を解決するコンサルタントの仕事を長くやっていますが、人的資本経営が叫ばれるずっと前から、経営者は体感的に社員のモチベーション維持・向上が最も大切だと気づいていたように思います。
　弊社の掲げる使命が、「想いをエネルギーに生きる人を育てる」であり、「社員にもっといきいきと働いてもらいませんか？」というアプローチなので、問い合わせをくださる企業もそのような考えのところが多いのかもしれません。
　しかし、昭和の時代の上からの指示命令が経営の主流であった統制型から、多様な人材を活かした経営が求められる昨今、人に着目して、人を大切にする経営で、社員のモチベーションが経営的にも大きな意味を持つことになったのは、当然の帰結なのかもしれません。
　みなさんの会社は、いかがでしょうか？

モチベーションを上げる

　では、モチベーションの向上にはどのような手法があるのでしょうか？
　モチベーションは、衛生要因と動機づけ要因の２つの要素に分かれているという「ハーズバーグの二要因理論」が有名です。
　ざっくりと結論から言うと、パーパスの浸透では、仕事のやりがいで動機づけ要因を上げて、人間関係や職場環境を上げることで衛生要因を上げることができます。どちらも重要ですが、どちらが効果的かと言えば、動機づけ要因に注目したほうが効果的です。

詳しく説明しましょう。

衛生要因は「外発的動機づけ」とも言われ、会社の方針や職場環境、職場の人間関係、給与、身分待遇などが含まれます。

動機づけ要因は人の心の内側からくるものなので「内発的動機づけ」とも呼ばれ、仕事そのもの、達成感、承認欲求、責任、昇進成長の可能性を感じられるなどが含まれます。

動機づけ要因は、満足感につながることが多く、衛生要因は不満足感につながる場合が多くなります。

飴とムチなどという言葉もあるように、何かをもらうと一時的に嬉しいという気持ちで満たされます。

しかし、この衛生要因は「あって当たり前」で、もし満たされないととんでもなくマイナスに振れてしまいます。給与は年収800万円程度までいくと、それ以上あげても幸福度は上がらないという米国の研究データもあります。

日本でも内閣府が幸福度と所得に関する調査を行っています。現在は満足度・生活の質に関する調査報告書の設問から所得に関する詳しい設問がなくなっていますので、少し古い2019年のデータですが、現在の生活にどの程度満足しているかについて0～10点の11段階で質問したところ、年収100万円未満の人の幸福度は平均5.01、年収

モチベーションの理論

	モチベーションの要因	要素	パーパスで期待される効果
	動機づけ要因 （内発的動機づけ）	仕事の意義（仕事そのもの） 達成感・承認・責任 昇進 /成長の可能性	仕事の意義を見つける 会社の方向性に誇りを持つ 自分自身の成長の可能性を感じる
	衛生要因 （外発的動機づけ）	会社方針・職場環境 給与・対人関係・身分	風通しが良くなることで、対人関係・職場環境が向上 会社方針の明確化で経済基盤の安定や身分の保証を感じる

(kornn/shutterstock.com)

700万円以上1,000万円未満の幸福度は6.24で、1.23の差が開きました。

ところが、年収1,000万円以上2,000万円未満の幸福度は6.52で、年収700万円以上1,000万円未満と比べるとその差はわずか0.28です。

ほかにも、衛生要因の頭打ちだけでなく、反動についてもご紹介しましょう。例えば、みなさんの会社の社長が「今年は儲かったから社内に置いてある自動販売機のドリンクをタダにしよう！」と言ったとします。

嬉しいですね。でも、もし翌年「ごめん、今年は儲からなかったら100円だけちょうだい」と言われたら、どのように感じますか？

もともとの気持ちよりマイナスになりませんか？　一度、タダを味わい、タダというのに慣れてしまったからです。これが「衛生要因の反動」です。モノで釣るには、限界もあるし反動にも注意が必要ということです。

一方、動機づけ要因は限りなくプラスになる可能性を秘めています。

動機づけ要因をランキングで見てみましょう。

1. 達成感（やりとげた、できた！　嬉しい）
2. 承認（認められて嬉しい）
3. 仕事そのもの（意義ある仕事である）
4. 責任（任されて嬉しい・やりがいがある）
5. 昇進（○○職になった！　嬉しい）
6. 成長（成長の実感や可能性）

『ハーバード・ビジネス・レビュー』1968年の論文
「フレデリック・ハーズバーク　モチベーションとは何か？」より（カッコ内筆者追記）

認められたという「承認」や任されたという「責任」が上位にくるのですが、３番目の仕事そのもの、つまりその仕事に意義があるのかどうかを感じているのかいないのかというのは、じつは動機づけ要因の中でも重要なポイントです。

パーパスは、このモチベーションが無限にプラスになる可能性を秘めた「仕事の意義」を明らかにしたものです。

ちなみに、この時代に比べて、今の20代、30代は「成長」がもっと上位にきて「昇進」が下手をすると圏外でしょう。「昇進」というアメが効きにくい、経営者にとっては難しい時代になりました。

だからこそ、パーパスの浸透で社員のモチベーションを上げていく方法を学ぶことに大きな意味があるのです。

パーパスで仕事の意義を見出す

レンガ職人の有名な話をご存知ですか？

旅人が歩いていると３人のレンガ職人がレンガを積んでいます。

最初のレンガ職人に旅人が「何をしているのですか？」と尋ねると「見りゃわかるでしょ、レンガを積んでいるんでさぁ」と答えます。

２人目のレンガ職人にまた「何をしているのですか？」と尋ねると、今度は少し違う答えで「家族を養うためにレンガを積んで壁を作っているんでさぁ」。

そして、旅人が３人目のレンガ職人にまた「何をしているのですか？」と聞くと、今度はこんな答えが……「大聖堂を作っているんでさぁ」

３人目のレンガ職人の頭の中には、自分の作った素晴らしい大聖堂に多くの人が集い、何年も何百年も後世の人に喜ばれる姿がありありと浮かんでいるようです。

(Anatolir/shutterstock.com)

仕事の意味を知るということは、このエピソードのようなことです。

ただレンガを言われるままに「暑い、疲れる」と思いながら積む人と、大聖堂建造という素晴らしいゴールを思い描いて仕事をする人のモチベーションは、どのようなものでしょうか？

モチベーションは「動機」です。やる気の素です。

これを上げるために「よくやったね」と認めてもらうこと（承認）や、任せてもらうこと（責任）という、他人の動きを待つよりも、自分の気持ちを変えることで常にいきいきと働くことができるのであれば、仕事の意義を問い直すということは、会社にとっても社員にとっても意味のあることなのではないでしょうか？

パーパスには、心に火をつける効果があります。その効果は最終的に業種にかかわらず、パーパスの浸透に成功した経営者が毎回絶賛される素晴らしさなのです。

想いを胸に「先生の患者さんは、私の患者さん」

ひとつの事例を紹介します。

パーパス浸透のための「パーパス・ワークショップ」をオンラインで25回実施した製薬会社での話です。この時は、私が進行役となって実施しました。

そのワークショップの営業部門であるMR（医薬情報担当者）の回のことです。

製薬業界は、今大変な激動の中にいます。コロナ禍を機に、医師に会いに行き、薬の情報を提供するのが仕事だったMRも感染対策で対面面談の是非が問われ、オンラインの活用などが一気に進みました。

医師に簡単には会えなくなり、MR不要論なども叫ばれています。実際に6万5,000人いたMRは今、どんどんリストラが進んで5万人を切るところまで減っています。

そのような状況では、やる気がなかなか出ないという雰囲気です。その厳しい環境の中で、会社が掲げるパーパスを噛み砕いていくワークシップを行いました。

そこで、自分だったらということで考えてみよう「自分のパーパスを一言で言えば」「私の仕事のモットーを一言で言えば」という演習をしたところ、ある方がこのように発言されたのです。

「先生の患者さんは、私の患者さん」

これを聞いた瞬間、私も他の参加者も、心にずんと響くものがありました。

リアル「大聖堂を作っているんでさぁ」と同じです。

MR は仕事のやり方の転換を迫られています。これまでは、病院を訪問して先生に声をかけて、「記憶に留めてもらおう」と製品名を連呼していました。しかし、これからは製品連呼型ではない「先生と共に考える」姿勢が求められています。

そこで、この方のように、先生の患者さんを自分自身の患者さんと考えて仕事をしたら……会社のパーパスと自分の志を統合した結果、その言葉が出てきたとのことでしたが、仕事をするうえで、特に過酷な環境で仕事をするうえでは、このような想いを持っている人と何も考えずにただ目の前の仕事をする人とでは、おのずと結果が違ってきます。

先日、この方に 4 年ぶりぐらいでしたが連絡をしてみました。どうなっていたと思いますか？　当時入社 2 年目だった彼女は、しっかり成果を出していました。

「先生の患者さんは、私の患者さんという言葉は、今でも難しい局面や目的を見失いそうになるときによく思い出して、自分の仕事のテーマとして持ち続けています。

あの時の研修でこの言葉が出てきて、本当に貴重な機会をいただきました。今でも変わらず、名古屋エリアでMRをしております。研修の時よりも、少し広いエリアや大きな施設を担当させていただくことになり、よりあの言葉が大切になってきました」と話してくれました。

想いを心に持って仕事をするというのは、このような場面に出会うと本当に大切だと感じます。

隣の会社のパーパス策定・浸透

ところで、みなさんは、なぜパーパスを浸透させたいと考えているのですか？

今、この本を読んでくださっている方の中には、経営者や役員の方だけでなく、実際にパーパスの作り直しを命じられて、途方にくれている経営企画室の方や人事部門の方も多いと思います。

他の会社では、どのようにパーパス浸透に取り組んでいるのでしょうか？

私がかかわってきた企業での策定・浸透に関する課題を列挙しておきます。

浸透を推進する際にも、そのゴールによって浸透ワークショップや浸透施策も変わってきますので、必ず明確にしておきましょう。こちらは、あくまで参考ですので、みなさんの会社に合わせて考えていただければと思います。

●組織の方向性の明確化
●多様なメンバーと働くための共通言語づくり
／コミュニケーション活性化
●良質な企業文化の醸成
●モチベーションの向上（社員定着率の向上）
●組織の一体感の醸成
●社会的責任意識の向上
●企業価値の向上（よい人材の確保）

多様なメンバーと働くための共通言語づくりには、さまざまな意味が含まれています。

海外の会社では、ミッション・ビジョン&バリューや、パーパス・バリューなどが大切にされてきました。グローバル企業はそもそも、言語すら同じではなく、共通言語や判断基準は、明確に定義しておかないと仕事にならなかったのです。

日本の企業は、多くは同じ日本人同士、金融業界などを除くと、多くの会社では異動も少なく、これまで「あ・うん」の呼吸で働いていました。

私が最初に入社した商社に10年ぶりに遊びに行くと、課長だった人が部長になって、窓際にずれただけで、席の並びも顔ぶれも10年前と同じで驚きました。しかし、多くの企業がこのような働き方をしてきているのです。

私の前職は米国の会社でしたが、とてもしっかりとしたミッションとバリューを大切にしていました。

米国の同僚は、国土も日本と比べものにならないほど広いのでほとんど顔を合わせることもなく、コロナ禍前からリモートワークが進んでいました。そのような環境では、共通のゴールと判断基準で目の前にいないメンバーと同じ方向を向いて仕事をしてもらうのが、マネージャーの腕の見せどころになっていました。

私はその会社を退職して7年になりますが、日本でも仕事の環境はどんどん変化しています。特にコロナ禍以降は、日本でもリモートワークが一気に進みました。

目の前にいない人たちと同じ価値観を持って働く、共通言語を持って働く必要性が生まれたのです。

また、終身雇用が崩壊に近い状態で、転職も以前ほど敷居の高い話ではなくなりました。

途中で組織に入ってくる人が、パッと見て「仕事の仕方」がわかるような、パーパス・バリューが求められるようになっているのです。

第2章

効果的なパーパス浸透

バリューとセットで組織文化を変えていく

ものすごく大切なことを申し上げます。

パーパスとバリューは、セットにしないと正しく現場で作動しません。

パーパス・ビジョン・バリューの３階層型、バーパス・バリューの２階層型などいろいろな形があることはお伝えしましたが、どのような構造であれ、パーパスを浸透させる際は、それをどのように達成するかを明らかにした、バリュー（行動指針）が必要です。

本書ではバリューを「行動指針」と言っていますが、もともとの英語の意味は「価値観」です。大切にしたい行動という意味で「行動指針」という言い方をしているのです。

バリューは、仕事をするときの判断基準であり、最優先事項の決定はこのバリューに基づいて下されます。

せっかくよいパーパスを作っても具体的な行動を促す言葉が入っていないと社員は何をしてよいかわかりません。

例を挙げましょう。和菓子屋さんのパーパスが以下のようなものだったとします。

パーパス：最高の和菓子でこの街を最高の笑顔に！

なんとなくカッコいいパーパスです。でも、「最高の和

パーパス・バリューはセットで浸透！

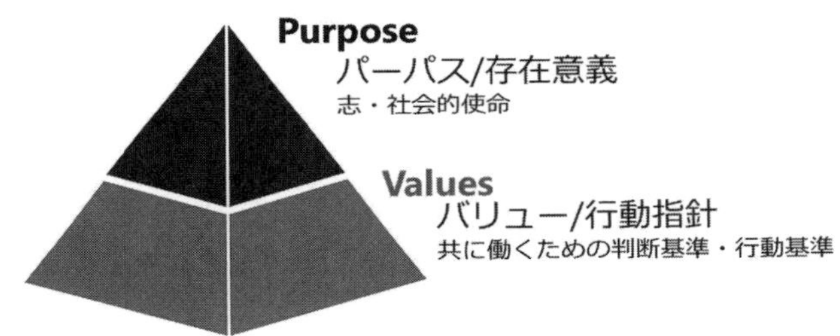

菓子でこの街を笑顔に！」で、具体的に何をすればよいのか、即座に思いつくでしょうか？　具体的なイメージが湧きません。

そこで以下のようなバリュー（行動指針）を作ります。

バリュー／行動指針

●ひとりひとりが仕事の職人であれ！

●お客様への感謝を！

●成長の種を見逃すな！

いかがですか？

バリューがあれば、街を笑顔にするために、感謝の言葉もかけようという気持ちになるかも知れませんし、もっと具体的に、自分も会社も成長するために新商品を考えるかもしれません。

バリューの言葉に「〇〇する」という動詞をつけて考えると、より具体的な行動が見えてきます。上記のバリューの場合は、「お客様への感謝を！（する）」です。

この例を見てみると、バリューを作らないでパーパスだけ作っても、それこそお題目で終わってしまう可能性が高くなりそうだと思いませんか？

ものすごくコストをかけて浸透活動に取り組んだとしても、スローガンの言葉だけがひとり歩きをしていたら、浸透はできたかも知れませんが、活用できたとは言えません。

絶対浸透しない恐怖の伝言ゲーム

バリューで行動の基準、判断基準を作ってこそ、それぞれが自分の判断で行動できるようになります。

では、スローガン的に言葉だけがひとり歩きをする、お題目状態というのは、どのような状態でしょうか？

例えば、社長が「顧客満足だ！」と言うと、部長が課長に「顧客満足度を重視！」と伝え、課長は係長に、係長はメンバーに「顧客満足度重視だ」と伝え、顧客満足というスローガンは伝言ゲームのように上から下へ伝わっていくのですが、実際にお客様に満足して頂くための品質の向上も、お客様への対応の改善も、顧客満足に関するアンケートすら行われないまま終わっているということはないでしょうか？

パーパスにかかわるバリューも同じです。バリューは行

恐怖の伝言ゲーム

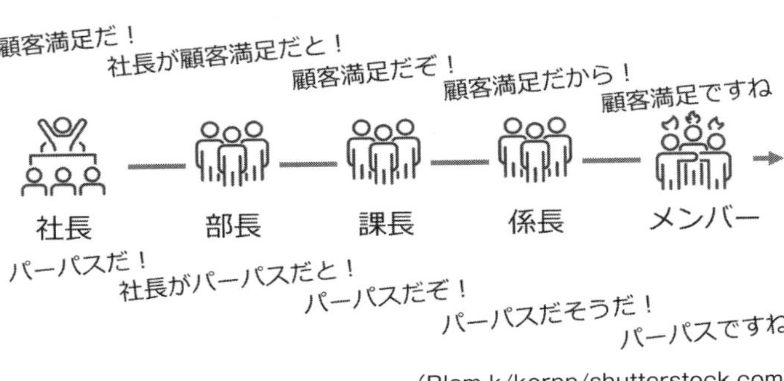

(Blam-k/kornn/shutterstock.com)

動の基準、判断基準であり、これをやれば、パーパスが達成される、私たちの存在意義を発揮でき、同時に私たちの職場はもっと働きやすい、やりがいを感じられるものになるだろうというものでなければなりません。

またよく見られるのが、バリューが誠実・信頼・情熱などの単語だけで構成されているものです。一見短くて覚えやすいようですが、これは、全くおすすめしません。

抽象的過ぎて行動につながらないからです。パーパスを作るなら、その活用のために行動につながる「バリューとセットは鉄の掟」としてください。

でもまあ、安心してください。現実はみなさんの会社だけではありません。

HR 総合調査研究所が、2013 年８月に日本企業 117

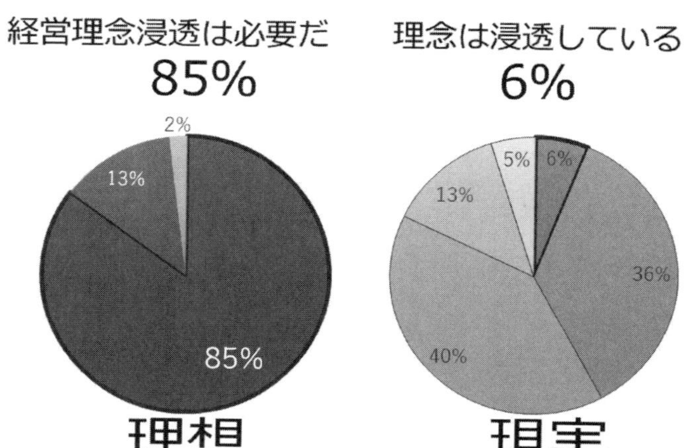

社に実施した経営理念浸透に関するアンケート調査では、85％の企業が経営理念浸透の必要性に関して「そう思う」と回答し、「ややそう思う」を加えると経営理念浸透の必要性を感じている企業はじつに98％となっています。

しかし、31％の企業がなんらかの浸透策を実施しているものの、経営理念が浸透していると思うと回答した企業はわずかに6％です。

このように、実業界ではほとんどの企業が経営理念の浸透を重要だと感じながらも、現実には浸透が進んでいないというのが実情です。企業が、熱意を持って作り出し、守ろうとしてきた経営理念が、額に飾られたまま放置されているのは、大変残念なことです。

このような結果が出る理由のひとつは、そもそも経営理念の浸透といった際に、何をもって浸透したと言えるのかが、はっきりしていないからです。

個々の企業によって期待される効果と浸透目的が異なるので、浸透度の基準を明確に決めることが難しいのです。

パーパス浸透には「共感」

では、どのように浸透の基準を決めたらよいでしょうか？

ここではまた一般用語の「経営理念」という言い方をしますが、経営理念を、浸透させていくということは、どのようなことなのかを研究している方がいます。東京都立大学の高尾義明先生と慶應義塾大学の王英燕先生の『経営理念の浸透―アイデンティティ・プロセスからの実証分析』(有斐閣）から紐解いてみましょう。

この両先生の著作では、経営理念の浸透を「認知的理解」「情緒的共感」「行動的関与」の３つで分類しています。書かれている考え方を簡単に図にすると次の図のようになります。

私はこの先行研究を受けて、この中で何が一番浸透に影響力があるのかを大規模アンケートで調査した論文を書いています。最も浸透に影響が強かったのは「共感」でした。理解を高めるために、よく毎朝唱和をしている会社も

パーパスの浸透

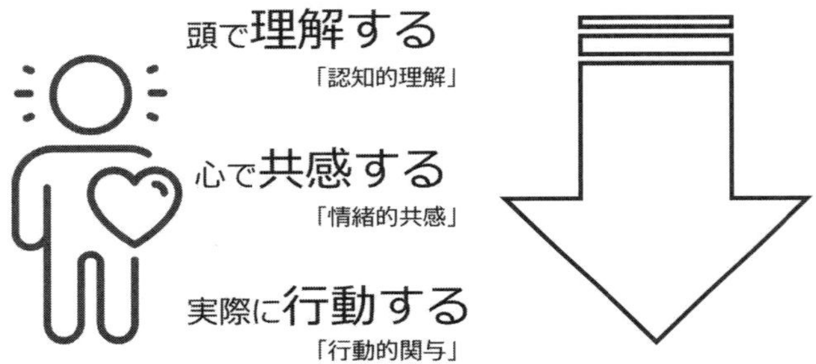

あります。行動で示すことを推奨するため、プレゼン資料やメールの最後に必ずパーパスを記載している企業もあります。

しかし、一番大切なことは、1人ひとりが心で感じること、共感です。

共感しているというのは、自分の価値観と自分の会社の価値観に矛盾がなく、小さな部分であっても「あぁ、そうだよね」「わかる、わかる」という重なりがあることです。

その共感があるから、仕事で困難に直面したときに、経営理念の想いや言葉がエネルギーになって行動を起こせます。

社員を大切に想い、長く働いてもらいたい、モチベーションを高く保ち、やりがいをもって働いてもらえる職場にしたい、この組織を選んでもらいたいという目的がパーパスの中に内蔵されているからには、「共感」という要素を決しておろそかにはできないのです。

パーパスに共感するという要素を無視して、いきなり理解を深めようと毎朝朝礼で唱和したり、社員の行動を管理しようと目標管理シートにバリューと紐付けた項目を追加したりしても、さっぱり浸透が進まないのはそのせいです。

共感を生み出す３つの要素

共感を生み出すには、当事者意識・自分ごと化・仕組み化の３つが鍵となります。それぞれについて、どのようにすればよいのかを解説しますので、社員の共感の扉を開けてください。

❶共に作る　共に考える

パーパスに当事者意識を持たせるために、じつは「共に作る」は最強です。しかし、すでにパーパスは、完成していて作り替えはできない、動かせないという状況で浸透させたいというケースが多いと思うかもしれません。

その場合、どうするかというのが、「共に考える」ということです。

本書で最もお伝えしたいことである出来上がったパーパスに共感を生み出すために、一緒に「つまりどういうこと」なのかと、考えるやり方です。

「うちの会社のメンバーは、本当に当事者意識がなく

共感の鍵

当事者意識
共に作る・共に考える

自分ごと化
個人の視点と組織の視点の統合

仕組み化
継続して意識できる仕掛け

(Blam-k/shutterstock.com)

て」という経営者の方にお会いすることがあります。

しかし、会社の景気がよかった時代には、上からの命令は絶対だと「全社一丸（死語)」、軍隊のように統率してきて、先行きに不安を感じて変革の局面になった途端に、主体性とか当事者意識とか言っても都合がよすぎると言えます。当事者意識の醸成には、それなりに時間がかかるのです。

❷自分ごと化

仕事における当事者意識だけでなく、パーパスは個人の働きがいや成長にもかかわってきます。

社員個人がどう会社のパーパスにかかわるかは、浸透に大きな影響を与えます。

組織のパーパス

(kornn/shutterstock.com)

そのため、「自分ごと化しよう」という掛け声のもと、パーパスを浸透させようという企業も多いようです。しかし、自分ごと化大作戦にすでに取り組んでいるのにうまくいっていないのであれば、どこに問題があるのか考えてみましょう。

単純に言えば、組織のパーパスと個人のパーパスが一本の線の上にあるようにすればよいのです。

すべてぴったり合わさる必要はなく、同じ線の上にあればOKです。

ここを無理やり会社がこうだから、あなたはどうなのというやり方ではなく、矢印が個人から組織と逆向きになってもよいので、何か共通のものを探しにいくようなアプローチがおすすめです。

多くの企業の自分ごと化作戦を見て、気づいたことがあります。

自分ごと化をする、自分のこととして考えるというプロセスを踏むことを思いつくと、will（やりたいこと）、must（やるべきこと）、can（できること）など、キャリア研修のようなワークシートを作り、それを研修内で「考えさせる」ことが非常に多いのです。

キャリア研修は一定規模の企業では社内で内製化も進んでいて、研修のネタの蓄積もあるからだと思います。内製化アプローチがダメというのではありませんが、前提条件がこれまでとは異なるので、研修設計の仕方が難しいのです。

目標管理制度で使っている目標管理シートを使おうとする場合もあります。自分の目標に落とし込ませるという考え方です。しかし、そもそもバリューは目標とは異なります。

まず、この「〇〇（考え）させる」という使役言葉、上からの命令のような言い方がいけません。

パーパスの浸透では、「みんなのもの」「私たちのもの」という視点が非常に重要で、少しでもやらされ感が出てしまうと、そこから先へは一歩も進まないという状況にはまります。

あくまでも個人のメリットから話を始めて、個人がこの組織で成功・成長するためにというアプローチで進めることが大切です。

そのうえで、私は、会社のパーパスを考えて、自分のものと統合・融合、つまり共通点を探すという矢印が、会社➡自分ではなく、自分と会社の共通点、自分➡会社を探す方法でもいいですよという進め方をしています。

これは、一歩間違うと、せっかくお披露目した組織のパーパスと外れていく人がいるかもしれない危険をはらんでいますが、自分ごと化作戦としては、毎回成功を収めています。具体的な自分ごと化のやり方については後述します。

❸仕組み化

仕組み化で王道の手法は、評価制度と連動させることです。自分たちのパーパスとバリューに基づいて行動した人を高く評価するのです。また、上司との面談においても、パーパスを意識した面談を継続して行います。

その他の仕組み化については、各社さまざまな工夫をしています。カードを作成して、いつも携帯する、表彰制度、後述する「つまどう会議」（つまりどういうこと会議）も仕組み化のひとつです。

同時に結果も見える化することがおすすめです。p52の図を見て下さい。これは、チーム内のパーパス・バリューへの共感と達成したことを１枚のシートに表わしたものです。このアイデアは私ではなく、このあと巻末の事例で登場するNTTデータフロンティアの浸透の旗振り

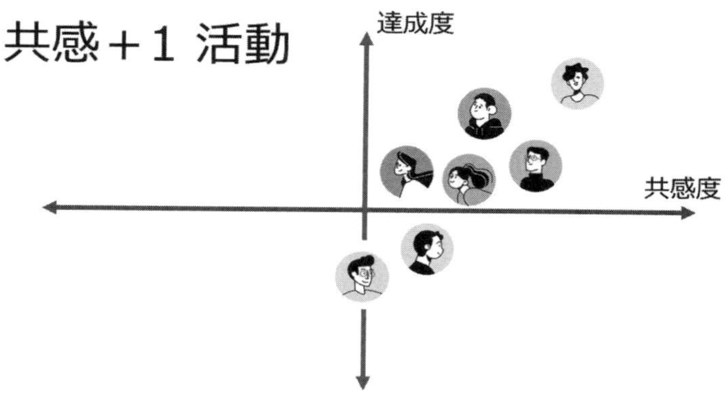

(PureSolution/shutterstock.com)

役であるアンバサダーのみなさんが考えたものです。

彼らはバリューへの「共感」ということをとても大切に考えていて、それを「共感＋１」活動と言っています。

別に大きなことをしなくても、声の届く範囲から共感を広げていこう、小さくプラス１でいいよという意味だそうです。

年に２回のアンケートでゴール達成の調査を実施するのですが、その中で自分のバリューへの共感度と目標の達成度をプロットする項目があります。各自、自分の顔アイコンをプロットしています。遊び心もあって、楽しくなってくる活動です。

バリューへの共感と目標の達成度は、チーム毎にまとめられて、チーム内に公開されています。

それを見て驚いたのは、３年間のバリュー浸透の過程で心理的安全性と言われる「なんでも言い合える」状態が完全にできていたことです。

その証拠に、それほど「共感していません」と正直にプロットしている方もいました。会社からやらされたものではなく、自分たちで考えた仕組みならではの状態です。

このようにパーパスの浸透はイベントではなく、習慣として継続できるように仕組みを整えることが大切です。

We（私たち）視点の浸透

第１章でお話したように、パーパスは、社長だけのものではなく、社員みんなのものです。そして、外（社会）と内（社内）に作用するもの、つまり世の中に対しての貢献や志を明らかにして、同時に社内に対して社員を鼓舞するものでなければなりません。

その成り立ちや求められるゴールから考え、We（私たち）という視点で浸透を進めないと浸透速度は上がりません。浸透には、共感が重要で、共感には、当事者意識、自分ごと化、仕組み化が大切です。

経営陣が社員の想いを汲まずに勝手に作ったものは、当事者意識の醸成の工程で、挫折をしてしまう確率が上がってしまいます。

普通に考えても、人から押しつけられたものを自分ごととして捉えるというのは、無理があるのがわかると思いますが、現場ではありがちな展開です。

全社員、または自分たちの代表が作ったパーパスであれば、浸透速度も上がりますが、そうでない場合もあるでしょう。そのような状態でも、私たちのパーパスを私たちの手で浸透させていくという流れを作るのが大切です。

大切なのは浸透のアプローチ角度

パーパスを浸透させる際には、アプローチの角度が大切です。

私は昔、香港にハマってよく行っていました。日本からの飛行距離も短く、手軽に行けて食事も美味しく最高でしたが、唯一の悩みが毎回繰り返される飛行機の着陸時のスリリング体験です。

今は郊外のランタオ島に国際空港が移転しましたが、当時香港の啓徳空港は街のど真ん中にありました。街中の空港ということもあって滑走路が短く、「ドスン」という感じの着陸で毎回怖い思いをしました。

飛行機が着陸するとき、滑走路ぴったりに収まって衝撃なく着陸するには、「3度」という進入角度が大切だそうです。短い滑走路では、この角度で進入できないのです。この角度が維持できないと、「ドスン」または極端な話、

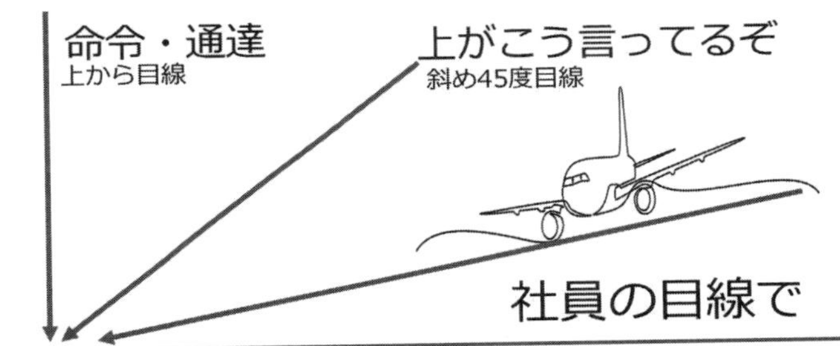

(Back one line/shutterstock.com)

墜落です。

パーパスの浸透でも、このアプローチ、接近に至る道筋をどのようにとるかが大切なポイントです。

トップである社長が常にパーパス・バリューを意識した話をするというのは、とても大切です。

しかし、上からの訓示のみで浸透させようとするのは、進入角度 90 度、「命令・通達」昭和の手法。パーパスの浸透においては、おすすめできない進入角度です。

浸透を例えば部長層にまかせても、まだ進入角度は斜め 45 度です。「上がこう言っているぞ」というのは、命令・通達と変わりません。そして、斜め 45 度アプローチは、言っている本人も当事者意識ゼロです。

浸透は、もっと低いところ、一般の社員に近いところから進めていきたいのです。当然、ゆるやかに着陸するためには、長い滑走路（長い時間）が必要です。

また、比較的小さい飛行機（規模の小さい会社）であれば、ある程度の角度があっても大丈夫ですが、大きい飛行機（規模の大きい会社）は、角度１度の違いが最終的に大きな違いになってしまうので注意が必要です。

このゆるやかな角度でパーパス浸透に挑戦するには、誰が中心になるのかという点と、どのように浸透させるのかというふたつの視点が必要になります。

まず「誰が」というところから、お話します。

浸透しやすい前提をつくる

パーパスの浸透は進入角度が大切と言いましたが、実際にパーパスを実践する社員のみなさんの気持ちに寄り添った浸透アプローチとはどのようなものでしょうか？

繰り返しますが、パーパスは、世の中のため、社会に貢献する存在意義、志です。もちろん、最終的に「大聖堂を作っているんでさぁ」の話につなげて、仕事の意味や意義を大いに感じてもらいたいのですが、最初のアプローチが「大義」の話では、ほぼ失敗に終わります。

例え話をしましょう。

「うちの会社は、こんなにすごい」というビデオがあれば、社員のモチベーションは上がると広告代理店に勧められて、ビデオを作った会社がありました。

もちろん、こうしたビデオを社員に見てもらうのもひとつの有効な手法です。しかし、大切なことは、そのビデオに時間を割いて見ることがその人たちにとって得になる話かどうかです。

運転免許の更新の際、強制的に見せられる交通安全ビデオの内容を、自分ごと化して当日以降の運転に活かしているドライバーはどれだけいるか、あなたの運転は変わったのかと自分の心に聞いてみてください。

いったん、社会に対してというのを忘れていただいて結構ですので、まず考えるべきは、刷新されたパーパスが社員にもたらすメリットです。

では、どのようなメリットを打ち出すと浸透しやすいのでしょうか？

働きやすい職場へ、働きがいのある職場へ

業種によっても少し言い方は変わってきますが、「みなさんの職場を働きやすいものにするため」「この会社でさらに成長していただけるように」など、働きやすさや成長などをキーワードにメリットを話すことは、非常に有効です。

「みなさんが働きがいをもって……」も悪くはありませ

パーパス浸透のアプローチ

新しいパーパスができました。
この会社を
もっと世の中に貢献する会社にする
ために浸透を進めましょう。

新しいパーパスができました。
みなさんの職場を
もっと働きやすい職場にする
ために一緒に活用していきましょう。

(HADI_TRESNANTAN /shutterstock.com)

んが、最初から「働きがい」を強要されると大きなお世話と思う方もなかにはいるので注意が必要です。

私は、そうしたことでリスクをとりたくないので、「働きやすい職場と成長できる職場」というフレーズをよく使います。

「働きがい」という言葉を使うときは、「働きやすい職場と成長できる職場」のような言葉とセットで使いましょう。

注意点は、業種によってアプローチは変えたほうがよいということです。

IT 系の企業の方などは、日進月歩の IT の進化に合わせて自分が成長することが、より自分の価値を上げると理解していますので、「成長」やもっと具体的に「スキルアップ」などの言葉はとても響くキーワードです。

製造業などでは、働く環境に興味を持つ方が多いので「働きやすい職場」というキーワードが響きます。

工場などの浸透活動で契約社員の方が多い場合も「働きやすい職場」を全面に打ち出します。そのほうがダイレクトにメリットを感じてもらえるからです。

「新しいパーパスが完成しました。世の中に貢献できる会社になるために、これを浸透していきましょう」という言い方で浸透をスタートする場合と、「新しいパーパスが完成しました。みなさんの職場をもっと働きやすい職場にしていきましょう」という言い方でスタートするのと、どちらが効果的かという話です。

浸透に意味をもたせるコツ

浸透に意味を持たせるためには、人間の欲求を掛け算する方法が効果的です。

成功したい！　成長したい！　という欲求にアプローチするならば、このパーパスを判断基準にしていれば、この組織において、より早く成功できるし、より成長できるという考え方です。

すべての人がそうとは限らないものの、多くの人は任されたり、頼られたりしたら嬉しいと思います。それでこそ自分自身の存在意義、存在価値を感じられるというものです。

ただ、伝える方法を間違えると、主体的にやれば何でもよいと誤解されることもあるでしょう。組織としては、それでは困ります。そこで、伝え方に工夫をします。

なんでも好きにやれるわけではないけれど、自由に働ける、自分を信じてもらえて任せてもらえるという部分がおおいにあることを強調します。

例えば、英語のテストで90点以上を取ることをゴールにした時に、「やり方は毎日リスニングを30分、文法を30分、英作文を30分です、必ずやりましょう」と言われるのと、「5冊の参考書から自由に自分で好きなものを選べて、その中で自分の良いと思うやり方で成果を出せば良いですよ」と言われるのとでは、どちらがやる気がでるでしょうか？ 一応5冊から選ぶという大きな枠組みは決まっているものの、やり方は任されているのです。(勉強がそもそも嫌いな場合は、どちらもやる気が出ない可能性もありますが)

パーパス・バリューは、社員にとっては、努力の指針になるのです。ゴールとそこへ行くまでのやり方が明確になっており、それが全員に共有されている状態であれば、自身が成長し成功する確率がぐっと上がります。

私は私、会社は会社で完全に別ものと考えるのもひとつの生き方ですが、せっかく皆で同じ組織にいるのであれば、そこで成長する自分であったほうが、得だと言えるでしょう。

もちろん、昨今の傾向として別に成功とかいらないという方もいるのですが、自分の思うように働けるというのは、とても嬉しいことのようです。

全員参加型で巻き込む

「パーパスを浸透させるには、誰を巻き込めばよいのでしょう？」。その答えはもちろん「全員」です。

共感を生むために、共にパーパスを作るという必殺技を使っている場合は、全社員を容易に巻き込めます。なぜなら、作り上げる過程で、会社への期待が膨らんでいくからです。

弊社ピグマリオンでパーパスを策定した際に、アンケートをとりました。パーパス策定前の会社への期待と策定後の会社への期待を点数で表してもらったのです。

アンケートの設問は以下のとおりです。

1．策定前、５年後の会社への期待度はどの程度でしたか？

2．策定後、５年後の会社への期待度はどの程度になりましたか？

パーパス策定前の自分の会社への期待と、パーパス策定

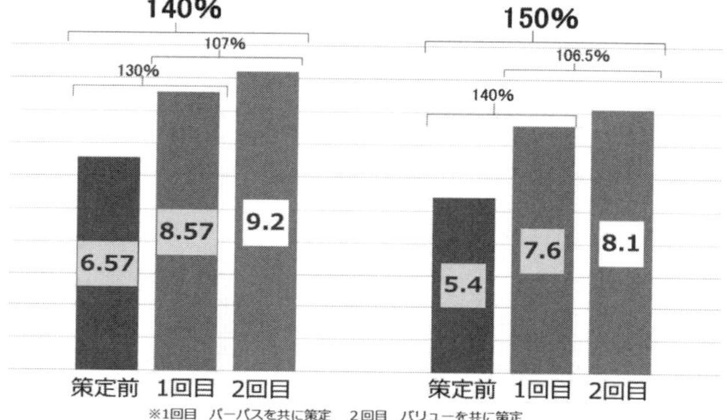

後（1 回目）、そして第 2 回研修でバリュー策定後（2 回目）にもう一度同じ質問をしてみました。

どちらの会社も参加者の会社への期待が大幅に上がりました。自分が関与することで、当事者意識も上がったのです。

この数字を見て感じたことは、**今どきこれほど会社への期待、言い換えればモチベーションが上がる施策もなかなかないであろう**ということです。

であるならば、パーパス・バリューの策定に直接かかわらなくても、自らパーパス・バリューにかかわる状態を作り出せばよいのではないか？　ということです。

本書では、パーパス・バリュー浸透の「つまどう会議」に関与することで、この右肩上がりのモチベーションアップのような状態を目指します。

全員参加のアンケートは有効？

全員参加でパーパス・バリューを作る時間とお金はないものの、全員参加ふうの仕立てにしたいがために、どのような会社になりたいか、「あなたの考える会社のイメージ」のような全社アンケート調査で、パーパスづくりのネタを集めようとする手法もよく聞きます。

一見するとよさそうです。実施された方々にも話を聞くと「うちは全員で作りました！」と胸を張っています。

しかし、このようなやり方であれば、全社で作ったことになると、安易にアンケートを実施するのはリスクもあります。

全社アンケートは両刃の剣です。募集をしておいて、全く違うものに決まったら時間を使ってくださった方がイラッとして逆効果になります。

2018年にJRが品川と田町の間の山手線の新駅の名前を公募して６万4,000件を超える応募がありました。

投票結果１位は「高輪」、２位は「芝浦」。でも、選ばれたのは130位の「高輪ゲートウェイ」。

話は少しそれてしまうかも知れませんが、このような公募で決めた駅名は、上がってきた名前の組み合せで決まることも多いようです。

JR西日本の「梅小路京都西」や北大阪急行の「箕面船

場阪大前駅」などです。せっかくいろいろ出してもらったので、みんな使ってあげたいという心理でしょうか？

パーパスづくりでこれをやってしまうと、無駄に長いものが完成します。

また、アンケートで上位のものが、会社の方向性とは合わない場合にランキングが出てしまうと困ることがあります。「早く帰れる会社」というのが１位であったら、経営者としてはどうでしょうか？　生産性の高い会社と無理やり読み替えをするかも知れませんが、かなり難しいと思います。

全員巻き込みアンケートの失敗事例

パーパスの意味も意義もわからずに、無責任に投票だけをしているので、気持ちは内側（自分たち）に向いてしまっている場合もあります。

これは私の失敗ですが、策定前に多くの人の意見を吸い上げたいとパーパスに関する大規模アンケートを実施したものの、どのような会社にしたいかという質問に対して

「給与の高い会社にしてほしい」

「残業のない会社にしてほしい」

「○○室の網戸が破れているので直してほしい」

「制服があるほうがよい」

などとモチベーション理論的に言えば、衛生要因がずら

りと並び、私はコンサルタントとして死にたくなりました。

事前にきちんと説明もせずにいきなりアンケートをした結果がこれです。

設定した設問自体が多くの社員の反感を買ってしまったこともあります。「いきなりみなさんの組織の文化は……」というような設問を、その部門が新設部門であることを忘れて入れてしまいました。

このときは「うちは新設部門で残念ながら文化というようなものはありません」から始まり、少々お怒り気味のコメントを多くいただいてしまいました。

相手をよく理解できていないのに、まずアンケートをして意識を確認しようなどと奢った気持ちが私にあったのだと反省しています。

全社アンケートの質問項目は、十分配慮したものにしてください。

本来は、設問についても、聞きたい本質に対して、それらの質問が想定されたとおりのまとまりになるのかどうかなど、因子分析という手法で確認したほうがよいのですが、人事系アンケートの設問は、思いついたものを次々入れるというやり方が多いと感じます。

さらに、実施前には「今こういうことをやっています」というような告知を十分してから、実施されることをおすすめします。

第3章

アンバサダーが浸透をリードする

アンバサダーとは？

「We（私たち）」視点の浸透、上から「どすん」ではなく、ゆるやかな角度で浸透に取り掛かるには、現場により近いところに浸透の要（かなめ）となる役割の人を設けます。

パーパス浸透の旗振り役となり、社内に想いを伝えていく人たちです。この人たちのことを「アンバサダー」と呼んでいます。

実際のサポートをしている組織によっては、エバンジェリスト（伝道者）と呼んだり、パーパス推進リーダーと呼んだりしていますが、この本では、アンバサダーという呼称で紹介します。

アンバサダーとは、本来は「大使」「代表者」という意味です。例えば、世界各国にある大使館の代表はアンバサダーと呼ばれます。

パーパス浸透を推進するアンバサダーは、各部門や各チームにひとりずつ、推進代表として任命することをおすすめしています。

推進の代表という意味で、私はエバンジェリストよりアンバサダーのほうがしっくりきます。アンバサダーはパーパスの普及の代表者であり、熱烈な支援者であり、パーパスの素晴らしい体現者、実践者となります。

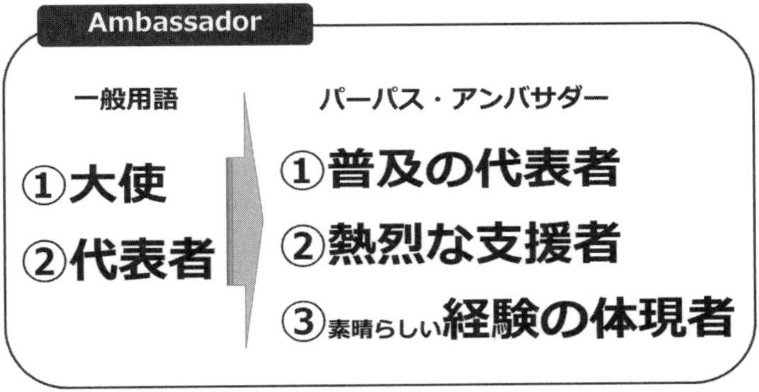

Ambassador

一般用語

①大使
②代表者

パーパス・アンバサダー

①普及の代表者
②熱烈な支援者
③素晴らしい経験の体現者

アンバサダーの役割

アンバサダーの役割は、浸透の旗振り役です。実際に各社で展開しているパーパス・バリュー浸透プロジェクトでは、浸透・定着にかかわるさまざまな活動を行っています。

大きな活動としては、ワークショップ形式で開催される全社「つまどう会議」と、会議形成で開催されるチームの「つまどう会議」の進行があります。

ワークショップとは、本来は何かを作る作業場のことを言います。

研修業界では、通常の研修と区別をして、参加者が主体的に学ぶものをワークショップと言っています。

ワークショップでは、進行役が重要な役割を果たします。通常の会議とは異なり、実際に参加者が手を動かしてホワイトボードに書き込んだり、ディスカッションの結論

アンバサダーの役割と効果

会議名	やること	期待する効果
全社「つまどう会議」（ワークショップ形式）	企画開催・進行役	パーパス・バリューを理解・共感度をあげる
チーム「つまどう会議」	進行役	パーパス・バリューを行動につなげる
アンバサダーミーティング（アンバサダー同士の意見交換）		・チーム同士の交流で、脱落チームをなくす ・他チームとのコミュニケーションで社内の風通しが良くなる

(Blam-k/shutterstock.com)

をグループ毎にまとめたりします。

パーパスの浸透にあたっては、アンバサダーが個々の部門やチームで浸透活動を始める前に、全員参加のワークショップの進行役となって理解・共感の場を作ると、その後の浸透が早く進みます。

本書では、社内で運営する手法についてご紹介しますが、難しいと感じたら、全体共有の最初のところだけ外部に依頼してもよいでしょう。

外部に頼む場合は、パーパス浸透専門のコンサルタント会社や研修会社に依頼することになります。

進行役を外部から招く場合のポイントは、いかに自社を理解してくれているかです。

ただし、実際の浸透活動に関しては、社内でWe（私たち）浸透を続けないと、本当の浸透にたどり着けないのは言うまでもありません。

「つまどう会議」については、第４章からその進め方について詳しく解説します。

社長 VS アンバサダー型浸透

社長によるパーパスの浸透とアンバサダーによるパーパスの浸透も比較しておきます。

第１章でもふれましたが、上意下達型の旧式経営理念浸透は、社長が全国の支店をキャラバンして、車座会議などをするのが王道でした。しかし、それではWe（私たち）視点の浸透にはなりませんし、社長ひとりで全国を回ろうとすると組織が大きい場合は、とてつもなく時間がかかります。

もちろん、社長の全社・全部門キャラバンや車座会議を否定しているわけではありません。

社長自身がパーパスの一実践者として、「私は、みなさんと共にこのパーパスをこのように実践します！」という強い想いを持って社員と直接対話をすることは、大いに推奨します。

ただし、そのためだけに全国行脚は時間がかかり過ぎます。また、Ｗｅ（私たち）視点の浸透を意識するなら、むしろアンバサダーの力を借りたほうが効果的です。

社長 VS アンバサダーの浸透

	社長	アンバサダー「つまどう会議」
メリット	直接熱い想いが語られる	社員目線　We（私たち）で浸透が進む 全員で自分のことを話せる 対話がはずみチームの風通しがよくなる いつでも開催できる
デメリット	上からの命令のようになりがち 会社の成長・利益ゴールで語りがち 対話なし・一方的になりがち 車座会議は時間がかかる	アンバサダーの属人的要素に左右されることがある アンバサダーの進行能力に左右されるころがある 業務外の仕事と捉えるとアンバサダーの負担になる

（kornn/shutterstock.com）

しかし、アンバサダー主導で行うと困ったことも起こります。

それまで社長ひとりでやっていたものを多くのアンバサダーが担うと、属人的要素に左右される場合があるのです。

この場合の属人的要素とは、その人本人の能力や個々の考え方などが強く反映されることです。そのため、アンバサダーに進行を任せる「つまどう会議」では、話し合いのテーマや投げかけを標準化しておく必要があります。

この「つまどう会議」を継続して続けられるかどうかが、パーパスの浸透の鍵となります。

本当の浸透は、イベントではなく、自分たちで日々続けられるか、続けられないか、なのです。

アンバサダーの選び方

アンバサダーをどのように決めるとパーパスの浸透が進むのでしょうか？

じつは、導入の背景や企業規模、企業文化などによって、さまざまな環境の違いや課題があるので、私がサポートしている企業も毎回、同じではありません。

表面的に元気のよい人を集めてアンバサダーになってもらえれば、それは素晴らしいことのようですが、やる気を全面に出してくれる人たちだけが熱烈な支援者とは限りません。そのような熱い想いを全面に出されると「うざい」と感じる人もいます。DE＆I（ダイバーシティ・エクイティ＆インクルージョン）を重視するとどのような選出になるでしょうか？

- **ダイバーシティ：多様性**
- **エクイティ：公平／公正性**
- **インクルージョン：包括性**

なぜ、このような視点をお話しているかと言えば、さまざまな業種のアンバサダー活動をサポートするなかで、大きな転換点になる「発言」をしてくれた記憶に残るアンバサダーが、例えば入社２年目の人であったり、表面上はまったく熱くない人の意見だったりしたからです。

なお、手を上げて自らアンバサダーになってくれる方が多くいればよいのですが、今のところ４年ほど活動を続けている１社を除いて、残念ながらアンバサダー選出に関しては、どの企業でも「任命」として、お願いする形になっています。もちろん、ダメ元で自薦を組み入れるのは、大いに推奨します。

いくつかのアンバサダー選出の例をご紹介します。実際の選出では、それぞれの企業の課題や背景などをふまえて任命してください。アンバサダーはどのような人にやってもらうと、うまくいくのかということをメリットやデメリットを比較しながら考えていきます。

すでにアンバサダーが決まっているという読者のみなさんは飛ばして読んでくださってもいいでしょう。

❶パーパス策定にかかわったメンバーを任命

まず、パーパス策定にかかわったメンバーがいれば、そのメンバーから選出するのが一番です。彼らはパーパスに対しての理解と深い思い入れがあります。

❷次世代リーダーを各部門で任命

現在はまだ上位の役職ではないものの、将来会社を引っ張ってほしい若手や中堅社員のことを「次世代リーダー」と言います。この次世代リーダーから選抜でアンバサダーを指名すると、浸透効果プラス辞めてほしくない社員のエンゲージメントを高めるという副次効果がついてきます。

エンゲージメントのもともとの意味は、約束・誓約、またエンゲージリングのように婚約という意味もあります。ビジネスにおけるエンゲージメントとは、会社への愛着心や想い入れ、会社との絆です。

次世代リーダー育成は、どちらの企業でも最重要課題です。特に昨今は終身雇用制度がすでに崩壊していることに多くの人が気づき、雇用の流動性が高まって転職を以前ほど躊躇しない人が若手を中心に増えています。

業種を問わず、稼ぎ頭世代である若手の定着率の低下には各社頭を悩ませています。

アンバサダー活動で、より仕事に「やりがい」を感じてもらえるようになれば、指名された社員も企業側も、ハッピーです。

ただし、安易に今後に期待する人を指名するリスクもあります。属人的に「あいつは仕事ができるから」「あいつには期待しているから」と指名してしまうと、そのような社員は、たいてい猛烈に忙しいのです。

❸チーム毎にアンバサダーを任命

課長職のような役職にアンバサダーを任命するのではなく、小さい単位でアンバサダーを任命するやり方です。

役職に関係なく仕事の単位で任命するのです。この方法であれば、若手からベテラン社員まで多様性の豊かなアンバサダー・チームが完成します。アンバサダー（代表者）という意味において、理想的な形です。

後述する「つまどう会議」で、全員が短い時間でも発言できるように、7～8人のチームをひとかたまりにしてアンバサダーを任命することをおすすめしていますが、このような適正人数の観点からも、ディスカッションの内容が仕事に密着するという意味でも、チーム毎にアンバサダーを置くのは、おすすめです。

❹支店・営業所単位でアンバサダーを任命

業種によっては、全国に支店・営業所を展開している企業もあります。

先日、パーパス浸透について相談された金融機関は全国に支店を展開していて、約400名のアンバサダーを任命することにしました。このように拠点毎にアンバサダーを任命するのもおすすめです。

ただ、どこまで求めるのか、何をしてほしいのかを明確に決めて周知しないと、まるで消防責任者や火元責任者のように、何事もなければ「ただ名前を出しているだけ」になってしまいますので、注意が必要です。

アンバサダーが多人数の場合、主体的に任せすぎてしまうと属人的資質による差が出てしまいます。任命する準備のワークショップを開催するなど、工夫が必要です。

人数が多くアンバサダー・ミーティングのようなアンバサダー同士が一堂に会する機会がないと、隣のチームが何をしているのかわからないまま月日が流れるようなことになりかねません。

❺各部門の課長職クラスを任命

課長職を一斉にアンバサダーに任命してしまう方法もあります。

課長クラスをアンバサダーにするメリットは、まず役職の役割追加なので、不平不満で大炎上ということは起こりません。

課長職にとってのメリットは、自分の部門で成果を出すこと。成果を出すためには、円滑な部門運営が必要であり、その手段がコミュニケーションであり、生産性の向上であったりします。

パーパス・バリューの浸透によって、部門運営が円滑に行われる、パーパス・バリューをきっかけにして、部門の風通しがよくなることが期待されます。

コロナ禍によってリモートワークが推進され、目の前にいない社員をどのようにマネジメントすればよいのかということに課題を感じている人もいます。

このような課題の解決にパーパス浸透が有効で、そのためのアンバサダー就任ということであれば、前向きに取り組んでもらえる可能性が高くなります。

❻役員・部長クラスをアンバサダーに任命

役員・部長クラスをアンバサダーに任命するケースもあります。しかし、草の根的活動、ボトムアップでの組織の活性化を目指し、We（私たち）でパーパスを浸透していく際に、あまり偉い人がアンバサダーであるとうまくいかないということがあります。

私がサポートしている企業では、役員・部長クラスは当然アンバサダーとしての自覚を持ってもらわなければ困るので、アンバサダーとしての活動を推奨しますが、実際にはもうひとつ下の階層でアンバサダーを選び、上司としてその活動を側面支援するという形が多くなっています。

もちろん、浸透を効率的に進めるためには、役員・部長クラスにパーパスを浸透させる意義や意味をしっかりと理解しておいてもらう必要があります。

せっかく選抜メンバーでアンバサダーを構成しても、その上の層に理解がなければ浸透は進みません。

このような状況を回避するために、パーパスが完成したあとに、社長・役員クラスを対象にパーパス浸透の勉強会を開催することは、とても意味があります。

アンバサダーが役員クラスの勉強会をリードするのは、難易度が高いので、これは外部に頼んだほうがよいでしょう。

しかしながら、上位階層向けの勉強会を行うと、パーパ

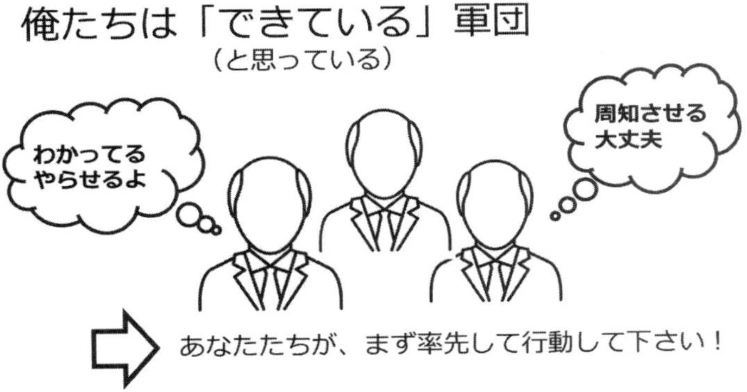

俺たちは「できている」軍団
（と思っている）

わかってる
やらせるよ

周知させる
大丈夫

あなたたちが、まず率先して行動して下さい！

（Anatolir/shutterstock.com）

ス浸透を上からの「周知」と勘違いしている人が多いことに驚きます。あくまで「自分はできているので、これを部下にやらせればよいのだな」という間違った理解です。

多くの人が「あなたは、チームのためにパーパス・バリューに沿ったどのような行動ができるか？」というような問いに対して、「私はチームメンバーにこのようなことをさせます」的な回答で返してきます。

どうしても昭和的な上意下達の考えから抜けられず、多様性を活かしてそれぞれがパーパスに即した行動をしてほしいのに、いまだに「全社一丸」と勘違いをされています。

この勘違いは業種を問わず見受けられますので、この層には、パーパスを理解してもらうだけでなく、企業のパーパスに即した自分の仕事のパーパスを明らかにすること、また自分がパーパスに沿ったどのような行動をするのかを明らかにするなど、「自分が何をするか？」に矢印を向けてもらうとよいでしょう。

アンバサダーの人数

アンバサダーは、各部門または、各チームから1名が基本です。

アンバサダー全体の人数の上限はありませんが、最低人数は、会社の規模にかかわらず8～12人ぐらいに設定するのがおすすめです。多様な意見を取り入れながらお互いに顔を見ながら知恵を出し合える単位が適切であると考えます。

いままで一番少ない人数のアンバサダーは40名の企業で、6名、15％です。一番多かったのが事例でご紹介しますが約4万人の企業で900名、2.25％です。

今年からパーパス浸透活動をアンバサダー主導で始めた製薬系の工場では、正社員・契約社員合わせて80名で11名、13.7％です。

パーセンテージだけでは、適正人数は表現できないようですが、経験的には、500名規模で50人、300名規模で30人と、10％程度が目安です。

また、後述するアンバサダー・ミーティングという場を設け、話し合いを深めて、アンバサダー同士が切磋琢磨する関係性を築くには、30名までぐらいがひとかたまりの適正人数です。

規模の大きい企業でアンバサダーの人数が30名を超える場合は、エリア毎にアンバサダーを分けてリーダーを置き、例えば「西日本アンバサダー・ミーティング」「東日本アンバサダー・ミーティング」のように、東西対抗で浸透施策を競って、全社ミーティングでその活動を表彰するなどの仕掛けをすると熱量が高まります。

もちろん、任命しても、毎回全員アンバサダー・ミーティングに参加するわけではありません。

忙しい業務の合間でやる活動であり、ミーティングに出席できない人や、途中で脱落して来なくなる人が現れ、「うちはそんなに確保できない」と言われる社長も多いのですが、組織文化を変えるという大事な仕事なので、最低10名を確保できるようにしておくのがよいでしょう。

アンバサダー・リーダーを決めよう

アンバサダーが決まったら、アンバサダー・リーダーとサブリーダーを決めます。

このリーダー決めはかなり重要です。主体性が問われる活動なので、リーダーシップのとれる人になってもらうと失敗がありません。後々の活動にかなり影響するので、間違ってもくじ引きなどで決めないでください。

私の恥ずかしい体験ですが、サポートするコンサルタントとしてプロジェクトを失敗させたくなかったので、初期の浸透プロジェクトのアンバサダー・リーダーは、ほとんど講師件進行役である私が打診・指名をして決定していました。

研修の場でいきなり指名すると戸惑われるので、お昼休憩中や、あるときは別の日に訪問して廊下で偶然会い、立ち話でリーダーを引き受けてもらったこともあります。

幸いにも人材育成のコンサルタントとしてすでに20年以上、多くの人とかかわってきているので、「あっ、この人ならできるな」というのが、直感的にわかるようになっています。実際リーダーに指名させていただいた方で、その後おそるべきスピードで部長に昇進された方もいらっしゃいます。

ただし、これまでは偶然うまくいって、じつは私自身も答えを持っているわけではありません。社外の押しの強い講師が強引に「○○さん、やってみない？」というのと、利害関係のある社内のメンバーが「○○さん、やってください」というのでは、少しニュアンスが違ってくると思いますので、リーダー決めもアンバサダーの人数が20～30名までであれば、アンバサダーたちに任せてもよいと思います。

その場合くれぐれも「くじ引きNG」でお願いしてください。

最高のアンバサダー

他薦ではなく、自ら望んでアンバサダーになってもらえれば、最高です。

スタジオジブリの『千と千尋の神隠し』という映画をご覧になったことはありますか？

父母と共に森の中の不思議なトンネルから通じる無人の町へ迷い込むと、そこは八百万の神々が住んでいる、人間が足を踏み入れてはならない世界。

主人公の少女千尋は、偶然知り合ったハクという少年に出会います。そして、そこで生き残るためには、八百万の神々が客として集う「油屋」の主である魔女・湯婆婆にここで働かせてもらえるように頼めと言われます。

千尋は渾身の力を込めて「ここで働かせてください！」と湯婆婆に繰り返し言います。

これを、そのままやった方がいらっしゃいました。IT企業の30代ぐらいの方です。別の部門で働いていましたが、隣の部門が自分たちのMVV（ミッション・ビジョン・バリュー）を作り、それを楽しそうに実践しているのを見たからです。

「ここで、働かせてください！」

部門長に直訴した彼はめでたく異動を勝ち取ります。そして、そこで自ら手を上げてアンバサダーになりました。

今は、ゴールを定めて自分たちの働く環境を変え、そこでやりがいをもって働くことを楽しんでいます。

彼と話をすると、私はいつも嬉しくてわくわくします。彼のような人をたくさん育てたいと思います。

環境が、会社がとあきらめることなく、自ら変えていくことを選んだ彼は、そのアンバサダーとして自分たちの想いの体現者としていきいきと働いています。

アンバサダー・ミーティングを開こう

アンバサダーを選出したら、アンバサダーの作戦会議を開きましょう。

これを「アンバサダー・ミーティング」と呼んでいます。アンバサダーの人数が多い場合は、アンバサダーの中でもリーダーとサブリーダーだけの「アンバサダー・リーダーズ・ミーティング」という、自分たちが中心になって組織を動かしていく、経営会議のようなミーティングの開催もおすすめです。

第４章で紹介する「つまどう会議」に、正解はありません。アンバサダー同士、自分たちの組織に合わせてアレンジしていくためにも、作戦会議を必ず開いてください。

軌道に乗った後も、脱落するチームがないようにアンバサダー同士が情報を共有しましょう。可能であれば月に一度くらいのペースで開催できるとよいでしょう。

第4章

実践！「つまどう会議」のパーパス浸透

Purpose

この章までのまとめ
「ここから読む方」のために

実際のアンバサダーの方の中には、社長からこの本を渡されて、すぐに浸透ワークショップを実施しなければと、この４章から読まれる方もいることでしょう。

この先の話を見失わないために、ここで簡単に振り返っておきます。

第1章-第3章のまとめ

■パーパスとは、
企業の存在意義・志・使命・社会における役割

■パーパスは、
意義ある仕事を、やりがいを持ってするためのもの

■パーパスを使って
働きやすい職場・成長を感じられる職場にすると
モチベーションもあがってみんなが働きやすくなる

■パーパスは、
社長の決意ではない。
浸透はWe（私たち）という視点が大切

■浸透のためには、
どのような行動をするのが良いのか判るように、
パーパスとバリュー（行動指針）が
セットになっていることが大切

■浸透のためには
「わかる、わかる」「同じだ！」という共感を作り出す

■社長の話で広めるのではなく
社内のアンバサダー(浸透を推進する人たち)が
旗振り役になって社内に想いを伝え、広め、
定着させていく

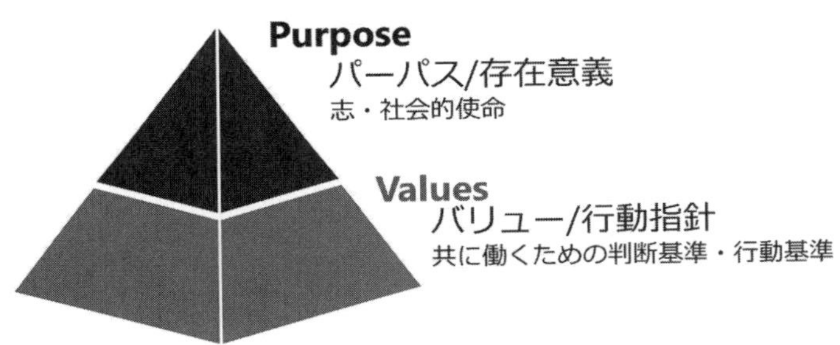

ここからは実践・実務の話となりますので、全体を表すときにも使われる「パーパス」という言い方ではなく、実際に浸透させていく「パーパス・バリュー」という言い方をします。

第２章で詳しく解説しましたが、パーパスだけの浸透活動では、スローガンの独り歩きのようになってしまい、行動をイメージすることが難しいので、浸透にはパーパスとバリューが必要なのです。パーパスとバリューは、上の図のようになります。

パーパス・バリューの浸透は「理解すること」「共感すること」「行動すること」の３つで、その状態を表すことができます。

なかでも共感が重要です。これから紹介する「つまどう会議」は、共感を生み、無理なく徐々に自分ごと化する会議の仕組みです。

モチベーションにも大きな影響があることはもちろん、チームのコミュニケーションもパーパス・バリューをきっかけに活性化し、共通言語ができるので、仕事もやりやすくなります。

全社員対象の「つまどう会議」とチームで開催する少人数の「つまどう会議」を組み合わせて、仕組み化していきます。

会社のパーパス・バリューだけでなく、チームのパーパス・バリューを広め、定着させていく際にも活用できますので、ぜひ「つまどう会議」を始めてみてください。

「つまどう会議」とは何か？

ここからは、いよいよ浸透の手法「つまどう会議」についてのお話です。「つまどう会議」とは、弊社ピグマリオンの造語で「つまりどういうこと会議」の略称です。

完成したパーパス・バリューを「これは、つまりどういうことなんだろう？」と全員で考えることによって浸透させていこうという試みです。パーパス・バリューについて考えることで、その解像度を上げていく会議です。

スマホやパソコンの画像は点で構成されていますが、完成したパーパス・バリューも拡大鏡を使ってよく見ると、

(Blam-k/shutterstock.com)

いろいろな要素、つまり点で構成されています。

出来上がったシンプルな言葉（パーパス・バリュー）の背景を「つまりどういうこと」と考え、構成している点を見つけていきます。

最終的に個々人がパーパス・バリューを自分自身の言葉で、言い換えられるようになると理想的です。ただ、最初はそこに何が描かれているのか、何を言わんとしているのかを理解するのが、初めの一歩になります。

「つまどう会議」は、最終的につまりどういうことなのかを参加者全員で共有・共感、そして実践することで、パーパスの浸透に必要な要素を満たしていきます。

この目的を達成できるならば、どのように実施してもかまいません。触れる機会・考える機会を増やしていくことが大切です。

「つまどう会議」の種類

全社「つまどう会議」

狙い　全体共有と理解・共感
対象　全社員・部門横断型ワークショップ
開催間隔　月１回、四半期１回等

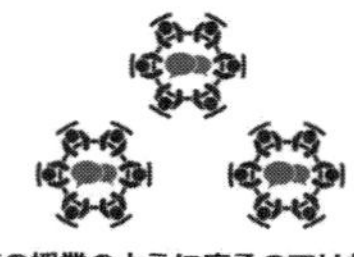

学校の授業のように座るのではなく、
グループになって「つまどう会議」

チーム「つまどう会議」

狙い　定着と実践
対象　７－８名までのチーム単位
開催間隔　週１回、隔週、月１回等

最小単位は、3人を推奨
小さいチームは、隣のチームと一緒に

(iluistrator/shutterstock.com)

We（私たち）視点の浸透を始めましょう。

つまどう会議は、大きく分けて２つあります。

ひとつめは全体、つまり全社員が理解・共感するための全社の大きな「つまどう会議」です。もうひとつは、部門・課、チームなど７～８名ぐらいまでの単位で実施される共感・行動するための小さな「つまどう会議」です。

組織の規模によって変わりますが、仕事の単位でひとつの課やチームで運用されることが多いので、このあとはチームの「つまどう会議」という言い方で説明していきます。

チームで行う小さな「つまどう会議」を現場でうまく走らせるために、全社員対象の大きな「つまどう会議」で、まず道路を作るようなイメージです。

この全社員対象の大きな「つまどう会議」は、外部コンサルタントに依頼するほうが失敗はありませんが、本書では、社内で開催する場合の方法もお話します。

「つまどう会議」のプロセス

大きな「つまどう会議」と小さなチームの「つまどう会議」は、組み合せて実施します。

大掛かりな全社向けの「つまどう会議」だけで、みんなわかったはずとそのままにしておくと、あっという間に風化が起こります。

また、パーパスをお披露目して、いきなりチーム単位の小さな「つまどう会議」に丸投げすると、その部門に最適化された部分最適的展開になる危険性があります。

部分最適的展開でサイロのような「うちのチームさえよければ」的な状況を避けるために、定期的に全社版の大きな「つまどう会議」を開催して、隣の部門、隣の課、隣のチームの取り組みを共有します。

織物で言うと、全社版の大きな「つまどう会議」は縦糸、チーム版の小さな「つまどう会議」は横糸です。縦糸と横糸を交差させながら、織物を織り上げていくように、徐々に組織のカルチャーを創り上げていきます。

「つまどう会議」の開催間隔は、実際は会社によってさまざまですが、次の３例が参考になります。

●四半期１回全社「つまどう会議」と週１回チーム「つまどう会議」の組合わせ

●年１回全社「つまどう会議」と隔週１回チーム「つまどう会議」の組合わせ

●月１回全社「つまどう会議」と週１回チーム「つまどう会議」の組合わせ

どの開催間隔を選んでも最初の１回は共通して、すべて全社員対象の大きな「つまどう会議」にするのがおすすめです。

「つまどう会議」の具体例

全社員対象の大きな「つまどう会議」に参加すると、参加された社員はどのような気持ちになるでしょうか？　アンケートコメントから、具体的な効果を検証してみましょう。

ある製薬会社の工場でのアンケート結果です。こちらの会社では、アンバサダーが浸透活動を続けていますが、年に一度、全社員参加で「つまどう会議」を開催しています。

2022年からこれまで３回の会議を開催し、毎回約80

名が参加しています。進行役は、3回とも私が担当しましたが、その間、各チームでは毎週「チームのつまどう会議」が開催されています。

この会社の「つまどう会議」は、自分たちの会社の志や方向性を知り、バリューによって自分たちの職場をよりよいものにするために行われています。

医療にたずさわる方々らしく、「患者さんのため」という言葉が飛び交い、仕事への誇りや責任感が湧き上がってくるような素晴らしい時間になっています。

80名といっても、半分は派遣社員の方です。派遣社員の方も大切な戦力であり、大切な仲間として共に働きたいという思いで、毎年参加してもらっています。

それでは、2年分のアンケートを紹介します。

●社員向けのワークショップと聞いていたので、正直、派遣の私が聞いて面白いのだろうかと不安に思っていました。でも、経営理念に関してのお話や他部署の方との意見交換は、とても充実した時間になりました。また、個人的には改めてピュアな方が多い会社だなぁと心が温かくなりました。

●このような研修を定期的に実施してもらえば、他部署との交流もはかれ良い職場になると思われます。

●ワークショップは正直苦手ですが、今回とても勉強になりました。
●いろいろな議題を皆で話せるように、このような場をもっと開いていただけたら嬉しく思います。

このように多くの参加者から好意的なコメントが集まりました。

一方「このような研修は、いつも私たち社員に要求ばかりしている」という批判的なコメントもありました。

アンケートを統計的な観点で見たときには大成功感が出ていますが、すべての方がアンケートを回答しているわけではなかったので、私としては、もっと改善できると正直思いましたし、継続して風土を耕さないといけないと感じました。

一朝一夕で風土が変わる魔法の杖はないのです。

この感想をそのまま社長にぶつけてみましたが、主催者である社長としては多少ネガティブな意見があったとしても、「楽しかった」というコメントが多く、このように一堂に会して共に語り、やる気がアップするきざしが見える以上は、定期的にパーパス・ワークショップを開催する意味はあると、半年後に再び大きな「つまどう会議」が開かれました。

第２回は、さらに熱く気持ちが盛り上がるのを感じまし

た。アンバサダーは約10名でしたので、人数的にすべてのグループに配置できませんでしたが、各グループで議論をリードしているアンバサダーも目立ちました。

隣のグループの議論が白熱していれば、自分たちも頑張ろうというよい相乗効果も生まれます。

アンケートコメントの変化を見てみましょう。

●従業員のほとんどの方々が揃ってのワークショップとなり、ふだん話さない方とも話すことができ楽しかったです。

●他の参加者が、バリューを独自の方法で自分の業務に反映しようと心がけているのを聞いたことで、自分とは違った見方でバリューを捉えていることがわかりました。

●ふだんの自分の仕事に対する考えや今後の取り組み方について改めて考えるとてもいい時間だと感じました。

●このバリューを意識するためにキーワードをふだんの会話に入れてみようと考えています。

●自分が担当している業務を部署で設定したバリューに置き換えて一週間の業務進捗目標を立ててみます。

●何も大きなことを行う必要はないので、これまでもそうでしたが、些細なことでも感じたことや違和感、気付きを発信していこうと思いました。

さらに、ただ楽しかったという感想から、なぜまたやりたいのかを、考えたり、決意を表明したりしてくれる人が現れてきます。

●ワークショップはコミュニケーションを広げる第一歩ともなり、有用であると感じたので続けていただきたい。

●バリュー浸透活動は継続していくことが大切なので、飽きずに続けていく方法を模索していきたいと思う。

●コロナ禍ということもあり、他部署の方との交流はもちろん、自部署でも作業内容が違うため挨拶程度でしたが、今回の研修では社員、派遣社員、また、長く居る人も最近入ったばかりの人も関係なく話し、自分を知ってもらい、相手を知ることができ、互いに高められたのかな？と感じました。

●定期的に今回のような研修会を持つことで、自分の仕事を真摯に振り返ることができるので、これからも継続してもらえるとよい。

●とても素晴らしいワークショップでしたので、一年に１回と言わず、半年に１回くらいに、忘れかけた頃に開催していただけると、とても嬉しいです。

ちなみに、研修やワークショップで、開催してもらえたら嬉しいというコメントは、なかなかないものです。

しかも、匿名でアンケートをとっているので、忖度の必要もありません。

また、「感動しました」的なコメントも大きな「つまどう会議」で見られる特徴です。感動による共感が生み出せるとその大きな「つまどう会議」は成功です。

このようなアンケートコメントを紹介したのは、私の自慢がしたいのではなく、実際に社内で「つまどう会議」を運営される読者のみなさんにも、このように参加者に喜ばれ、共感や感動が広がるような状態を目指してもらいたいからです。

この会社でのワークショップは、第 1 回、第 2 回については社長、人事部、進行役である私がワークショップの企画や構成を行いましたが、第 2 回のアンケートに「アンバサダーの方が内容を考え、司会をしてもよかったと思います」というコメントが書かれていたことから、ついに 2023 年 12 月、3 回目となる全社員対象の「つまどう会議」は、アンバサダーのみなさんと私が一緒に構成を決め、運営をしました。

アンバサダーが考案した手作りのバリューカードも作成、その結果は大成功。

アンケートの中には、「アンバサダーの方が中心で進めていたので、会社からやらされている感じがなくとてもよかったと思います」という嬉しいコメントもありました。

最初からいきなり全部うまく行かないかも知れませんが、よい職場、やりがいのある職場づくりのために、私もアンバサダーと共に、粘って、粘って、結果を信じて続けていきたいと思います。

みなさんの会社でも、社員のみなさんの気持ちを動かすこのような大きな「つまどう会議」をぜひ開催してみてください。きっとよい何かが生まれるはずです。

第5章

実践！全社の「つまどう会議」

全社「つまどう会議」の実践方法

ここからは、全社版の「つまどう会議」とチーム版の「つまどう会議」の実施の仕方について解説します。まずは全社の「つまどう会議」から。

全社員対象の大きな「つまどう会議」の役割は、作る過程に参加していない社員にも「つまりそういうことか！」「なるほど、そういうことか！」とパーパス・バリューを理解し、共感してもらうことです。

可能であれば、対面の集合研修スタイルが理想です。組織の規模によって一度でできる場合もあれば、数万人の社員の場合、地域ごとに開催する場合もあります。

本書で推奨する全社版「つまどう会議」は前述しましたが、参加者が実際に手を動かし主体的に参加するワークショップ形式で行います。ワークショップでは、進行役のファシリテーターが重要な役割を果たします。

社内で実施したいと考えたものの、社員数が多くアンバサダーが手に負える人数ではないときは、大きな「つまどう会議」だけは外部に依頼することになりますが、全社員をいくつかに分割して、目の届く人数で行うのであれば、アンバサダーが進行役でも、可能です。

目の届く範囲とはどのくらいかというと、これはそれぞれのアンバサダーの技量次第です。できるだけ社内で運用できるように、進行のスキルについては、第７章で詳しく解説します。

全社「つまどう会議」の開催時間

全社対象となる大きな「つまどう会議」の時間については、どのように考えたらよいのでしょうか？

私は４時間をおすすめしていますが、90 分程度の短い時間で行うこともあります。90 分で開催の場合、内容はかなり削る必要があります。

４時間あれば 13：00 ～ 17：00 など半日で開催できるので、外部会場などを借りる場合はこちらがおすすめです。この後にご紹介する「完全版」で実施が可能です。

ただし、個人のパーパスの落とし込みまでするとなると、時間をかけてじっくり考えたほうがいい結果を生むことが多く、そのため１回の時間を長くとれない場合は、全体を２つに分けて開催すると無理がないと思います。

全社「つまどう会議」の設計

ここからは、いよいよ「つまどう会議」の中身についてお話します。

全社員対象の「つまどう会議」の構成は、それぞれの組織の課題やパーパス・バリューを浸透させたいという狙い

「つまどう会議」の構成チェックリスト

□参加者がメリットを感じられる
□理解できる
□共感できる
□自分ごと化できる

(Pro-author/shutterstock.com)

や、実施時間によってまったく変わってきますので、いくつかの構成パターンとやるべきことをまずご紹介して、その後に、どのような演習をすると効果的なのかを解説します。

大切なことなので、また繰り返します。

浸透には、共感が重要で、共感には、当事者意識、自分ごと化、仕組み化が大切です。

「つまどう会議」では、共感を生み、当事者意識を醸成し、無理なく徐々に自分ごと化するプロセスを作り上げる必要があります。単に理解を深めるのが目的ではありません。

そのため大きな「つまどう会議」では、以下のようなワークショップ構成にします。

- **イントロダクション：　パーパスとは何か？　社員のメリット**
- **演習開始のためのアイスブレーク**
- **演習ステップ１「自分」のメリット**
- **演習ステップ２「パーパス」**
- **演習ステップ３「バリュー」**
- **演習ステップ４「私のパーパス」**

全社「つまどう会議」イントロダクション

イントロダクションでは、「パーパスとは何か？」「どのようなメリットが社員にあるのか？」を伝えます。前述したように、導入時には進入角度が大事ということを思い出して、話す内容を決定してください。

「会社が世の中に貢献するためにパーパスを作った。すごいだろう」的なアプローチ、トップダウン式、上意下達型は、もちろんNGです。

パーパスの意義は、第１章と第２章を読み返して、その中から自分たちの組織に適した「言い回し」を工夫してください。また、第３章でお伝えした社員のメリットを伝えることで、会社も個人も共に成長しようという姿勢を強調することがポイントです。

We（私たち）という視点で話すことを忘れないよう心に留めておきましょう。

イントロダクションは、長くても対面の場合 20 分、オンラインの場合は 15 分でまとめてください。人の集中力というのは、それほど長い時間はもちません。

演習開始のアイスブレーク

「つまどう会議」は、気持ちとしては、ゆるく始めるつもりぐらいがちょうどよいと思います。

アイスブレークは、研修や会議を始める前に、参加者の緊張や凍っているような硬い空気を文字通りブレーク（壊す）することです。

アイスブレークによって「しゃべる練習」をすると、その後の進行がうまくいきます。５人や６人のグループで着席している場合は、まずリーダーを決めて、その後アイスブレークの演習に入ります。

アイスブレークの演習は、ひとり１分程度で話せることがよく、できるだけ後の内容に関連したものにするのがおすすめです。

「今週あったちょっとよいこと」などというテーマでアイスブレークすると、「え～、まさかそんなことが！」などと盛り上がるかも知れませんが、後から発言内容を使えないので時間がもったいないです。

中身につなげられるアイスブレークであれば、どのようなものでもかまいませんが、私は、「もりもり自己紹介

自己紹介

テーマ：私自慢

私の強みは、これだ！

盛っちゃって
ほめちゃって

(MagicPanda/shutterstock.com)

テーマ：私自慢」というのをよく使います。

盛っちゃって褒めちゃってOKの自己紹介です（嘘は禁止)。ちょっとオーバーに自分のよいところを他のメンバーに伝えます。多様性を大切にして、共に時間を過ごすためのアイスブレークです。

そもそも業種的に話すことが得意でない場合や雰囲気の固いことが予想される場合は、いきなりグループではなく、まず２人ペアになって、この「私自慢」を３分間でした後に、ひとり１分間で、今聞いた隣の人のよいところ(ここでも嘘でない範囲で盛ってよいことにします）を聞いた人がグループのみんなにリレー形式で伝えるという方法を使います。

私はこれを「夜のヒットスタジオ自己紹介」と名づけて

いますが、かなりの年齢の人でないと元ネタがわからないかもしれませんね。この場合は、10 ~ 12 分かかりますが、きれいにアイスブレークできます。

このような演習のコツは、途中で時間経過を教えてあげることです。パワーポイントの画面にタイマーを表示してもよいですし、例えば２人で３分の演習なら、１分半で交代の合図をしてあげること。６人グループで６分だったら「3 分で３人終わっていますか？」と声をかけてあげると時間の進行がぶれません。

イントロダクションが長くなっていたり、冒頭に急に偉い方の話が入ったりした場合は、このアイスブレークで予定していても、あっさりグループでひとり１分の「もりもり自己紹介」に戻してしまいましょう。

進行役であるアンバサダーは、このもりもり自己紹介を「いろいろな人がいましたね！ それぞれの誇れる強みを活かして、一緒に働きやすい職場を作っていけるといいですね」のように多様性を重視したコメントでまとめると効果的です。

グループ演習ステップ１「自分」

「つまどう会議」だからと、いきなり「つまりどういうこと」から始めると、参加者の気持ちが追いつきません。

ゆるやかに気持ちを作る演習からスタートしてください。このようなことをわざわざ解説しなければならないのは、実際、いきなりパーパスについて考える演習を 90 分など長い時間で設定している企業が多いからです。

最初のテーマは、自分です。個々人、1 人ひとりが組織を構成する大切な柱です。

例として、次のような短い演習を入れていきます。人数は 6 人グループならリーダーが半分に分けて 3 人 1 組、または 2 人 1 組がおすすめです。時間はおおよそ 1 人 1 分ですので、3 分程度です。

演習テーマは、次のようなものからひとつ選びます。「ちょっと妄想タイム」は、おすすめの演習です。

- この会社であなたが成長した姿を妄想しよう。
どんな姿が見えますか？
- この会社であなたが好きなところは、どこですか？
（自分がどう思っているのか？）

終了後は、全員でなく何人かから発言をしてもらってください。「この人、キラキラしている」「まじめに議論してくれている」という人を、演習中に探しておきます。

終了後は、そのやる気を全面に出している人をこちらから当てて発言してもらうと失敗がありません。

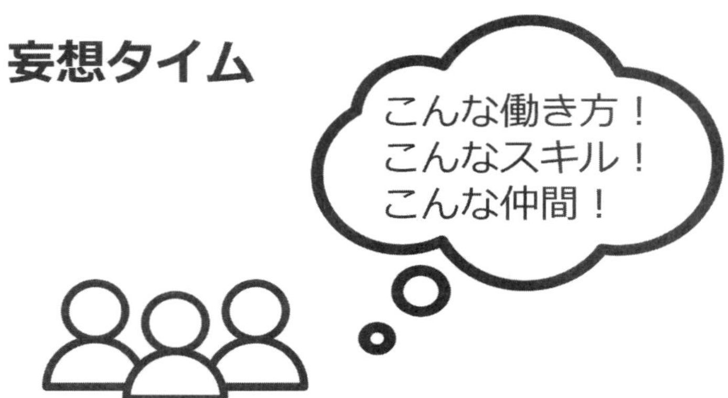

（FixiPixi_Design_Studio/Arkhipov/shutterstock.com）

私も失敗することはたくさんあります。

この観察を怠って、会場での大きな「つまどう会議」でシャイな方に当ててしまい、うまく答えられずに恥をかかせてしまいました。

このようなことが起こりそうな場合は、発言するときはグループのリーダーに当てて、グループリーダーが指名するという方式をとる、また発言したくない時は「パス」する権利があるというルールにしています。

社内で十分相手のことがわかっているとこのような失敗も起こらないと思いますが、さまざまなレベルの方が参加される場合は注意が必要です。

会場を回って、参加者の意見を集めていくことを、参加者の意見を拾うという意味で「拾い」と私は言っています。

この「拾い」は、共感を広げるという意味でおおいに活用したいファシリテーションのスキルです。これについては、第７章で詳しく解説します。

グループ演習ステップ２「パーパス」

パーパスは、存在意義であり、志であり、社会に向けての使命です。なぜこの会社は存在するのか、それは自分たちにとってどのような意義があるのか？　ということが「なるほど」と理解できるとよいのです。

質問は、「このパーパスから何を感じたか？」です。

構造紙を使って、発言者の意見を書き留めながら進めるグループ演習です。

この演習のゴールは、パーパスの意図を感じることです。自分たちのパーパスだ、「カッコいい」というのがゴールでも、それはその人が感じたことですのでかまいません。いきなり全員が、感動して感化されて行動したら逆にこわいですね。

この段階ではまだまだ他人事なので、どのように感じるかというレベルで十分です。

本当の理解・共感は実践して、自分にメリットがあったり、隣の人の判断基準がわかり、働きやすくなったりしたときに感じるものだからです。

つまどう会議

このパーパスから何を感じましたか？

「つまりどういうこと？」「どのような状態？」
「私たちの存在意義はなんですか？」

Why?

このような演習をすると、いろいろな捉え方が出てきます。どのような理解のレベルの方もワークショップを楽しめるように、この命題に集中してもらうには質問は本来ひとつだけのほうがよいのですが、この場合は話しやすさを重視して「つまりどういうこと？」だけでなく、「どのような状態になりたいということ？」「私たちの存在意義は何？」のような、誰でも話せるような投げかけをいくつか用意します。

この演習をするとき、必ず言ったほうがよいことは、ひとつ前の自己紹介の演習についてです。

「それぞれ素晴らしい能力を持ったみなさんの会社は、このような志を持っています」という流れを作るのをおすすめします。

時間に余裕のある「つまどう会議」の場合は、存在意義の部分に加えて「世の中にどのような価値を提供しているのか？」という質問を議論すると、さらに理解が深まります。

話し合いの後は、各グループから発表をしてもらいます。流れは以下のようになります。

各グループの発表に対してもアンバサダーは、きちんと拾い（一言コメント）をして、よい気づきは強調するようにしてください。

●グループ演習　8～15分
●グループ発表&意見を拾う　20分以内
●アンバサダーのまとめのコメント

ここでのアンバサダーの重要な役割は、各グループからの発表にアンバサダー自体が共感していくことです。

ひとりの共感は参加者全員に伝播していきます。「わかる、わかる」という状態にしていくことが大切です。

グループ演習ステップ3「バリュー」

バリュー（行動指針）がないとパーパスは浸透しないとお話しました。ここからは、バリューの「つまどう会議」についてです。

実際の行動レベルまでつなげるためにも、バリューの演

つまどう会議

このバリューで
あなたの心に響いた言葉は？
「なぜその言葉が響いた？」「どの言葉が好き？」

Feel Like

習はていねいに行います。誰にでも答えられる演習から始めましょう。

バリューの中で、心に響いた言葉はどれかという質問です。「なんだ、そんなことを聞くのか？」と思いましたか？

バリューというのは、社員への命令ではありません。

じつは今日始めてまじまじとバリューを見ましたという人もたくさんいるはずです。柔らかく、負担にならないように進めてください。

- **２人１組ペア演習　５分**
- **アンバサダーが意見を拾う　５～６分**
- **アンバサダーのまとめのコメント　２分**

つまどう会議

割り当てられたバリューの研究

つまりどういうことですか？

「なぜその言葉が選ばれた？」「どのような行動？」

発表あります！

How?

みんなが納得する
理由を教えて下さい

ここでの進行役であるアンバサダーの拾いのコメントは、パーパスという志につながるものにするのがベストです。あるいは、伝統的な企業であれば、これまでの社風に関連づけてコメントをするのもよいでしょう。

なんでも好きなようにバリューについて語り合ったら、次は本気の「つまどう会議」に移ります。

パーパス達成のために、なぜこのバリューが作られたのだろうと解説できるくらいまで分析してもらいます。

時間配分はバリューの数にもよります。しかし、どの企業で実施しても、バリューのほうが実際の行動なので、考えやすいようです。しっかり時間をとり、アンバサダーは発表の際に共感が生まれるようにサポートしてください。

バリューの数が多い場合は、グループに考えるバリューを割り当てます。

グループ数が多い場合は、発表の際はどのグループに当たるかわかりませんなどと言っておくとよいと思います。

- **グループ演習　20分**
- **グループ発表&アンバサダーが意見を拾う　20分**
- **アンバサダーのまとめのコメント**

個人演習「私のパーパス」

「つまどう会議」の時間設定によって、1回では実施しきれない場合もありますが、自分と会社の想いをつなぐという考え方は、ぜひインストールしていただきたいことです。

自分は自分、会社は会社という考え方でも、ダメとは言いませんが、せっかく所属したその組織の中で成長し、成功していくためには、自分の大切にしたい考え方と組織の大切にしている考え方に共通点があると、両者がうまくいきます。

ここは、それぞれの組織の課題によって、さまざまな演習が想定できますが、個人で以下のような流れで考えてもらうことが多いです。

- **私が大切にしているものと組織が大切にしているもの**
- **共通項探し**
- **私の仕事のパーパス**

組織のパーパス　　　あなたのパーパス

(kornn/shutterstock.com)

自分が大切している考え方と組織が大切にしている考え方が一本の線の上に乗っているような状態が、個人と組織にとって共によい状態です。

つまり、個人と組織の共通点を探すのです。

「家族が一番大事」と思っているなら、自分の組織は世の中の人全員に向けて、多くの人が幸せに暮らせる何かを提供していませんか？

「お金が大事」と思っているなら、会社が売上を上げることは、あなたにとってもプラスになるのではないですか？　というように、大きな枠で共通点を探していきます。

このように自分のことを考えた後に、「仕事におけるパーパス」を考えてもらいます。

大切なことは、せっかくいろいろな職種・職場の人がひとつのテーブルに座っているワークショップなので、強制ではなく「差し支えのない範囲」でお互いの想いを共有してもらうことです。

「つまどう会議」まとめのステップ

「つまどう会議」の最後は、グループ内で感想を共有してもらってください。

6人で、8分以上時間に余裕がある時は10分程度の時間をとりましょう。1人一言ぐらいの時間をとって、いくつかのグループから発表してもらったほうが、全体の共感は高まります。

後ほど詳しくご紹介しますが、最後にアンバサダーとして参加者に話すことは、必ず最初から決めておいてください。時には台本も必要です。

第6章

実践！チームの「つまどう会議」

チーム「つまどう会議」の目的

ここからは、アンバサダー主導、自分たちでできるパーパス・バリューを実践するためのチームの「つまどう会議」のやり方を紹介します。

組織によって「課」「チーム」「グループ」など言い方はさまざまですが、仕事の内容で分けたイメージとしては10名程度までの社員を「チーム」ということにします。

もちろん2人しかいないチーム、3人しかいないチームがあってもかまいません。

ある会社の事例では、そのような場合「管理部門チーム」などの名前をつけて、いくつかのチームをあわせて「つまどう会議」を実施する場合もあります。

全国に支店・営業所があるような組織では、拠点単位で実施してください。もちろんアンバサダーが会議を進行します。

全社の「つまどう会議」がパーパスの実現というゴールに向かう道路づくりだとすれば、この章では、チームの「つまどう会議」という手法で、その道路の走り方を学んでいきます。チームの「つまどう会議」は、職場をより働きやすいものにする現実的な小さな会議です。

全社の「つまどう会議」を実施していれば、全体像をつかめていることと思いますが、ここからはもっと具体的に自分たちのチームだったら、「これはつまり、どういうことなんだろうか？」というのを、明らかにしていきます。

浸透にあたっては、共感が重要です。お互いバリューという行動基準・判断基準に対して「わかる、わかる」「私たちは、そうだよね」という状態になり、バリューの言葉を共通言語として、チーム内でのコミュニケーションレベルを上げて、チームの風通しをよくしていきます。

実際のアンバサダーたちに話を聞くと、チームの「つまどう会議」の開催によって、「これまであまり話をしてこなかったチームが、なんでもお互い話すようになった」「専門性が高い仕事で人とかかわる必要はないと思っていたけれど、思ったより楽しい」などと、組織がパーパス・バリューの浸透で求めるゴールとは、また違う効果を感じています。

この「つまどう会議」を継続して続けられるかどうかが、パーパスの浸透の鍵となります。本当の浸透は、イベントのような大きな会議ではなく、自分たちでできるかできないかなのです。

チーム「つまどう会議」の開催時間

チームの「つまどう会議」は、アンバサダーが時間を決められます。
最初の全社員対象の大きな「つまどう会議」の後の1回を除き、人数や内容によっても変わりますが、15～30分の小さな会議をおすすめしています。
これが正解ですというものはありません。浸透・定着のプロセスでは繰り返し実施して「習慣」にすることが大切なので、負担はできるだけ少ないほうが長続きします。

評判のよい最新型の電動歯ブラシの使い方が、「毎回10分磨くこと」だったらやる前からうんざりしませんか？「毎日たった2分！」と言われたら始めてみようと思いませんか？

時間を延ばすのは、その小さな会議の効果をお互い感じて「もっと話したい」という気持ちが出てからでも遅くありません。最初は、他の「報連相会議」にくっつけて小さく始めてみてはいかがでしょうか？
「習慣」にして、「仕組み」にしてしまうことが大切です。「習慣」になる確率の高いほうで始めてください。

チーム「つまどう会議」の進化

チームの「つまどう会議」は、ずっと同じことをしているのではなく、理解・共感の第1段階から、実践の第2段階へ進化させる必要があります。

「つまどう会議」の進化

第1段階(phase-1)

理解・共感

第2段階(phase-2)

行動・実践

つまりどういうこと？
つまり私たちは何をする？

つまりどうした？
つまり何をした？（経験）

(ilustrator/shutterstock.com)

第１段階の「つまどう会議」は、理解と共感です。チームとして、「つまりどういうこと？」と噛み砕いて「わかる！わかる！」という部分を見つけたりするのが目的です。

そこから、「つまり私たちは何をする？」とパーパス・バリューに意味づけをして、「変換」して理解する「つまどう会議」に進化していきます。

第１段階が実際何回かかるのかは、理解レベルによって大きく変わります。

メンバーの多様性やそれぞれの理解レベルにも左右されますし、もともと少し難解なパーパス・バリューであったり、文字数が多いパーパス・バリューであったりすると、いくつかに分解して理解・共感を進める必要があるからです。

忙しい職場で、チームの「つまどう会議」が1か月に1度というところもあります。そうなると第2段階に行くまでに1年かかるということも、ざらに起こります。

そんなに時間がかかってよいのかと疑問に思いましたか？私はよいと思います。チームの「つまどう会議」では、特にバリュー（行動指針）の「どのように行動するか」をしっかり考えることに意味があります。

また、よく「チームの風通し」をよくしようなどと言いますが、最終段階では、自分にとってのパーパスの意義や意味をどのように「自分が行動にしていくか？」などをお互い共有することで、より深く相手を知り、このパーパス・バリューを共通言語として、チームのコミュニケーションを円滑にしていくこともできます。

パーパスの浸透をきっかけに、チームを変えていくことができるのです。話し合う過程で社内の風通しがよくなったり、仕事がしやすくなったりという効果のほうが、実際の現場の人にとっては大きな成果を感じることが多いようです。

また、このような自由な進め方は、進行役が会社の代表でなく社員の代表ならではです。

社員の負担にならないように展開できるのも、アンバサダーだからこそです。嫌々やるようでは、効果は出ません。私のサポートしている企業や組織のアンバサダーたちを見ても、チームの「つまどう会議」は週に１度のところが多いのですが、月に１度のところもあります。

それでは、ここからは、実際にチーム「つまどう会議」をリードするアンバサダーのために、個々の会議のやり方についてお話をしていきましょう。

チーム「つまどう会議」の初めの一歩

チームの「つまどう会議」は、週に１回15～30分での開催をおすすめしていますが、全社の「つまどう会議」を実施した後、最初の１回だけは、30～60分程度の時間を確保して、チームとして、全社の「つまどう会議」を振り返る機会を作りましょう。

部門横断型のワークショップでは、発言できなかった人も、いつも一緒に働いている仲間とであれば、もっとざっくばらんに話すことができると思いますし、何よりパーパス・バリューをうちのチームならと、「うちの」レベルで考えることができるからです。We（私たち）視点で考えるのが大切なポイントです。

業種や規模、かかえている課題によって何を話し合うのかは変わってきますが、大きな「つまどう会議」のところで紹介した演習を、話しやすい環境で、少人数で感想を共有する形で話し合うのがよいでしょう。

振り返りのために、例として以下のような投げかけがお

はじめの一歩は特別に・・・

すすめです。

- ●大きな「つまどう会議」に参加した感想
- ●あなたは、パーパスから何を感じたのか？
- ●バリューでどの行動が大切だと思ったのか？
- ●うちの部門（チーム）であれば、特に何が大切か？

「だから私たちは、何をしたらより働きやすい職場、成長できる職場を作れるのか？」という流れを作りたいのですが、いきなり「何をすべきか？」は、答えにくいものです。

「うちのチームは、特殊なんだよなぁ」というような場合、「チームとしての結束を固めたい」などの場合は、この４つ目の質問、うちのチームであれば、特に何が大切か？　という投げかけを複数回で掘り下げることもおすすめです。

最初から、会社は○○、チームは○○というように、「覚えなければいけない」と感じるものがあふれかえってしまうと、かえって息苦しくなります。

一度全体を理解して、大切な次の「自分の行動」としてのステップに進みましょう。

Do（行動）を明確化する

チームの「つまどう会議」で最も大切なことは、バリューを実際の行動に落とし込むことです。

組織全体のパーパスの実現のために、自分は何ができるかを明確化します。バリューを行動レベルまで噛み砕きます。

どのように行動するのかを、どのように行動すれば自分にとってプラス（働きがい・成長・成功）の機会を作れるのかを、自分の頭で自分のために考えることが大切です。「自分ごと化大作戦」のスタートです。

ひとつ例を挙げましょう。

この会社は架空の製薬会社さんで、パーパスは「この薬があってよかったのために」だとします。どこかで、この薬を待ってくれている患者さんのために、４つのバリューを作りました。

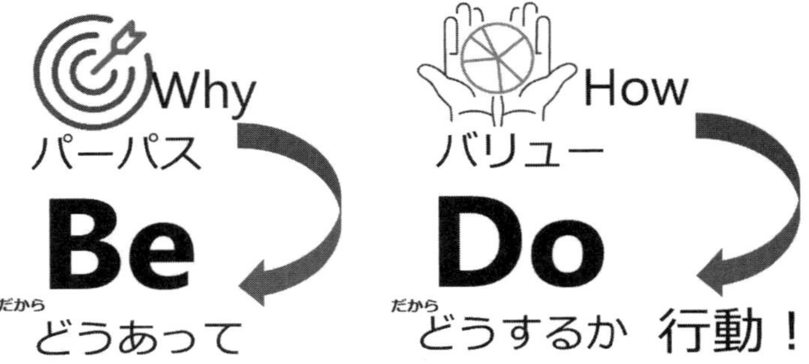

パーパス：この薬があってよかったのために

4つのバリュー（行動指針）

●貢献　患者さん中心

●信頼　互いに高めあう

●成長　専門家であれ

●変革　殻を破る

なかなかすてきなパーパス・バリューです。ですが、このままだと、まず浸透しません。このバリューを実践するための「自分の行動（Do）は何か」をしっかり理解しないと行動に移せないからです。パーパスはどうあるべきか（Be）なら、バリューはDoです。

チームの「つまどう会議」の第1フェーズ（段階）の最初のゴールは、バリューに自分なりの「短くて覚えやすい」説明文をつけることです。

バリューに自分で説明文をつける
～名詞を動詞に変換して行動につなげる～

バリュー（行動指針）		自分で作る説明文・自分がやること
貢献	患者さん中心	眼の前の試薬に集中する
信頼	互いに高めあう	まず相手の話を聞く
成長	専門家であれ	毎朝30分論文を読む
変革	殻を破る	1症例にこだわる
貢献	患者さん中心	先入観を持たずに患者さんに集中
信頼	互いに高めあう	現場の話を聞く時間は20%（を使う）
成長	専門家であれ	○○関連の書籍を月1冊（読む）
変革	殻を破る	2択ならいままでと違うこと（をする）
貢献	患者さん中心	まず患者さんのことを聞く
信頼	互いに高めあう	失敗も成功もメンバーと共有する
成長	専門家であれ	毎月40人の先生と面談をする
変革	殻を破る	問い合わせ件数でエリアNo1

それは、基本的には「どのように行動」すればよいのかがわかる動詞の入った表現でなければなりません。

最終的にこのレベルまで、自分がどのような行動をしたらパーパスが実現して、自分たちがもっとやりがいをもって働くことができ、よい職場になるのかということをはっきりさせることが最初のゴールです。

「貢献・信頼・成長・変革」のように、名詞だけのバリューは注意が必要です。実際の実務レベルの行動イメージが湧かずに、浸透の難易度がさらに上がります。
「つまり、それってどういうこと？」と、動詞の形に変換しないと、使うことはできません。
この３行を読まれただけで、「なるほど、うちのパーパス・バリュー」が浸透しなかった理由は、それか！と膝を打たれた方もいらっしゃると思いますが、そういうことです。

もし、今、本書を読まれているのが社長さんであれば、その大切にしてきたバリューに短い説明文をつけるプロジェクトを全社で始めてください。

Do（行動）の作成のコツ　1

Do（行動）のための説明文の作り方を解説します。これが絶対というものはありませんので、アレンジして活用してください。
まず、まじめな社風の会社であれば、「つまどう会議」の前に、このバリューに対する個人の説明文を宿題にするかもしれません。私も、時間の関係で絶対やらないとは言いません。しかし、それが宿題になった参加者の気持ちはどうでしょうか？
せっかく私たちのパーパスができて、全体会議である大きな「つまどう会議」でわくわくした人もいたのに、「宿題？　絶対やるの？」と気持ちがしぼんでしまう人もいるかもしれません。

宿題でじっくり考えるのはよいのですが、初めは宿題にはせずに、チームの「つまどう会議」の中で自由に思ったことを言ってもらい、また他の仲間の意見を参考にして、少しずつ自分の言葉にしていくのがおすすめです。

その際、「つまどう会議」で以下のような演習をします。

例１　お気に入りを選ぶバージョン

「あなたが、このパーパスをここにいるみんなと実現するとき、どのような行動をしますか？　お気に入りのバリューをひとつ選んで、自分の行動の説明文をつけてください」

例２　これがパーパス実現のため大切だ！バージョン

「もし、あなたなら、パーパスを実現するとき、このバリューの中で何を大切に思い、どのような行動をしますか？」

このような投げかけです。全社の「つまどう会議」に時間の余裕のある場合、簡易的に実施することも可能です。

しっかりパーパス・バリューの中身を噛み砕いて自分のものにしていると、意外にみなさんスラスラ書けます。

社員にとっては、志のパーパスの部分よりも、実際の活動にあたるバリューのほうが断然考えやすいというのがその理由です。

ただし、あくまで全社の「つまどう会議」で行う場合は、まだ「下書き」の状態です。チームとして、パーパス・バリューの意味を考えてからが本番です。

なぜなら、一度「うちのチームだったらつまりどういうことなんだろう？」という話し合いをすると、より実務に即した言葉が生まれます。これを、飛ばして作ろうとすると、そもそも言葉に対しての理解も追いつかない場合、結果的に表面的なスローガンにスローガンをぶつけるようなものしかできないことが多いのです。

また、チームの「つまどう会議」であれば、お互いの仕事の内容もわかっているので、かなり具体的なDo（行動）に置き換えたとしても、隣の人にも頷いてもらえます。

Do（行動）の作成のコツ　2

バリューに自分なりの説明文をつける、どのような行動をすればよいかわかるように、必ず動詞を入れて、または動詞をイメージできるように作り、バリューを自分ごと化していくのですが、どうせ作るならパワフルで印象的なカッコいいものを作りましょう。

作り方のコツは、一言で言えば、短くてわかりやすくて、自分らしいユニークな言葉が入るものです。

そうすると、覚えやすく、使いやすいものになります。自分の行動のスローガン（主義主張・活動目的などを短い言葉で表現したもの）を作るような気持ちで、カッコいいものを作ってください。

それでは、印象的なスローガンというのは、どのようなものでしょうか？ パワフルで印象的なバリューの説明文は、表現方法を少し工夫するとよいものができます。体言止め、倒置法、対句法などの手法を取り入れてみましょう。以下の図を参考にすると、自分らしいバリューの説明文が作りやすくなります。

パワフルで印象的な言葉を創る

体言止め	体言（名刺・代名詞）で終わらせる 例：〇〇案件の開拓　/ 常識アップデート
倒置法	言葉の順番を逆にしてパワフルに 例：進め！前へ！/　試してみよう「トクイワザ」
比喩	別のものにたとえて表現する（直喩・隠喩・擬人法） 例：全員がRPGの主人公 / クエストを攻略しよう
対句法	同じ言葉や似た言葉を並べてリズムと整え強調 例：よく食べ、よく寝て、良く学ぶ
反復法	同じ言葉を繰り返して使う 例：おぼえておぼえて　ひろげてひろげて
省略法	言葉を省略して余韻を残す 例：その先の未来へ、私も、あなたも・・・・

パーパス・バリューカード

実践する際に「自分ごと」にするために、私がおすすめするのが、左に会社、右に自分のパーパス・バリューを書き込めるようにしたカードです。３階層のパーパス・ビジ

ョン・バリューの場合はPVV（Purpose Vision Values）カードと言ったりもします。

聞いてみたら「なんだ、そんなことでよいのか！」と思われるかもしれませんが、このような小さな工夫が大きく結果を左右します。

おそろしくデザインに凝ったりしなければ、比較的安価に作ることができます。

余談ですが、私は文言を一文字間違えて全部作り直しになったことがあります。トホホです。目を皿にして最終チェックしてください。

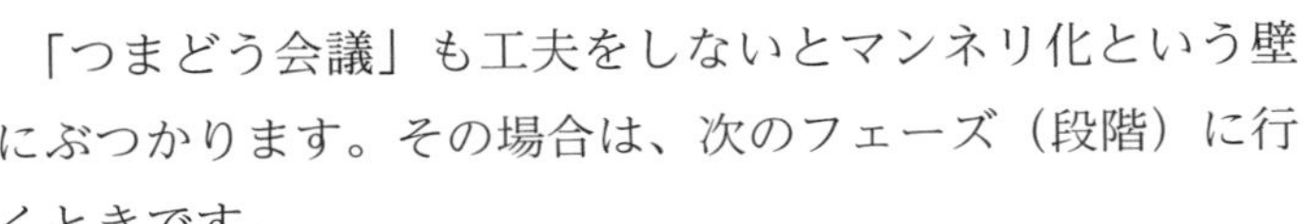

「つまりどうした会議」への進化

「つまどう会議」も工夫をしないとマンネリ化という壁にぶつかります。その場合は、次のフェーズ（段階）に行くときです。

「つまどう会議」は、メンバーが理解・共感ができたと感じたら、次は行動・実践の「経験」、「やったこと」を共有する「つまりどうした会議」に進化させる必要があります。これが、「つまどう会議」の第２フェーズ（段階）です。

質問は簡単です。

「今週（今月）あなたは、どのようなバリューに基づく行動をしましたか？」

全員発表する必要はありませんが、進行役のアンバサダーは毎回同じ人に当たらないように配慮してください。

例えば、「来週はそろそろ○○さんの体験を聞きたいですね」というように事前に伝えておくとよいでしょう。

「次の週に△△さんお願いできますか？」

「準備はOKですか？」

と聞いたとき、躊躇されるかも知れませんが、その時は「では、来週はお願いしますね」というように、できるだけ強制をせずにお願いしてください。

いくつかの会社では、アンバサダーと外部コンサルである私で、半年に一度の経過報告会議をしています。そのときの会議では、バリューについての話も一巡してマンネリ化しているので、ここからはバリューに対してどのようなことをしたのか、どのような経験をしたのかを、お互い共有し合おうというアイデアが出ました。

そのきにアンバサダー・リーダーが言った言葉が印象的でした。

私は、じゃあ「つまどう会議」という名前を変えてもいいよと言ったのですが、それに対してリーダーは、こんなことを言いました。

「名前はつまどうのままでいいです。つまり、どうしたをお互い話す会議ですから。僕たち、この名前気に入っているんです」

うかつでした。「つまどう会議」を推進しているコンサルタントとして恥ずかしいと思いました。

このように本まで出版していますが、私自身もパーパス・バリューの浸透に関しては、現場で試行錯誤をしながら進めています。

しかし、実際に会議を動かして、定着させてきた人の言葉は重いですね。そうなのです。何年もかけて、小さな会議を積み重ね、「つまどう」をするのが習慣になり、そこから社風のようなものが作られ、組織風土を変えていく。

それを実践されてきたからからこそ、この共通言語を大事にしたいという気持ちが生まれたのだと思います。

「つまりどうした会議」の習慣化は、とても大事です。

むしろ何を話すよりじつは、パーパス・バリューをきっかけにして、自分の仕事への取り組み姿勢や想いを仲間と常に共有できるという「連帯感」のようなものが、We(私たち)目線で「つまどう会議」によってパーパス・バリュー浸透を進めてきた一番の成果になるのです。

ぜひ、みなさんも、「つまどう会議」が進化するまで続けてください。きっと止められなくなります。

「ハドル・ミーティング」の実践方法

今週(今月)あなたは、どのようなバリューに基づく行動をしましたか? という投げかけを、さらに練り込んで、日々の活動の仕組みに入れてしまう方法もご紹介しましょう。

ハドル・ミーティングという方法です。ランダムにやったことを共有するのではなく、宣言と実行と振り返りを組み合わせたものです。

ここまでパーパス・バリューの浸透が進化すると、週に15分もあれば、完全に各チームが自走状態となり、パーパス・バリューもどんどん広まって定着していきます。

ハドル・ミーティング

先週私が意識したバリュー

私は先週○○のバリューを選び、○○しようと宣言しました。
私にとって○○というバリューは、つまり○○をすること
だからです。

先週の結果

結果として、○○になりました。（上手くいった理由など）

今週私が意識するバリュー

今週、私は○○のバリューを選び、○○しようと思います。
私にとって○○というバリューは、つまり○○をすることだからです。

ハドル・ミーティングとはどのようなものかというと、アメリカンフットボールの試合で、選手がスクラムを組んで作戦会議の円陣を組んでいます。あのミーティングをハドル・ミーティングと言います。

もともとは「ちょっと集まる」というような意味ですので、ビジネス版の井戸端会議のようなものでしょうか。

ビジネスの世界でのハドル・ミーティングは、必要なときにパッと開かれる10～30分程度の会議のことを言います。

「つまどう会議」のバリエーションとして、この小さな週次会議を「ウィークリー・ハドル（Weekly Huddle)」と呼んでいます。

毎週ひとつのバリューを選んで、そのバリュー実践のた

めに自分が何をするのか、参加メンバーに宣言するのです。

そして、次の週にできたのかできないのかを報告します。翌週のバリューを選んでやることを宣言します。１人２分以内、これだけです。

このように、「つまどう会議」で自分の活動を言葉で定義したら、それをさらに実践に落とし込んでいきます。

ただし注意点があります。このハドル・ミーティングは、あまり多人数ではできないことです。このレベルまで噛み砕くと、人数はチームレベルで最大でも７～８人が限界です。15 人もいたら、１人２分でそれだけで 30 分かかりますので。

このウィークリー・ハドル活動は、行動を実践する確率を上げることができます。実際に実践している組織はとてもうまくできています。

もともとハドル・ミーティングは立ち話です。本当に立ち話でもよいので、３～４人の仲間で現場主導のバリュー実践のためのハドル・ミーティングも、ぜひ試してみてください。

このような活動までしようと思うと、アンバサダーの人数が足りなくなると思います。

それまで部門単位でのアンバサダーだったのであれば、

チーム単位、仕事単位でアンバサダーを増やすタイミングです。

チームのビジョンは「守破離（しゅはり）」で作る

チームのパーパス・バリュー浸透活動の発展型についてご紹介しましょう。

パーパス・バリューに関連づけてチームのビジョンを作ることで、より浸透を深める方法です。

一通りパーパス・バリューが浸透した２年目以降の展開で使っています。本書では、組織の規模によって部門や課など人数も言い方もさまざまなためにチームという言い方で小さな単位の組織を表しています。

チームのビジョンと言ったときに、部門単位や課単位をイメージしたほうがよい場合もあると思いますので、その場合は、みなさんの会社に合わせて考えてみてください。

ここでは、ひとくくりに仕事の単位毎にチームという言い方をします。

会社と自分の間をつなぐチームビジョンを作って成功しているところがあります。

この手法を活用すると、パーパス・バリューがよりWe（私たち）のものになっていきます。

チームのビジョンを作るときには、売上アップというような数値目標だけではなく「ありたい姿」をイメージして

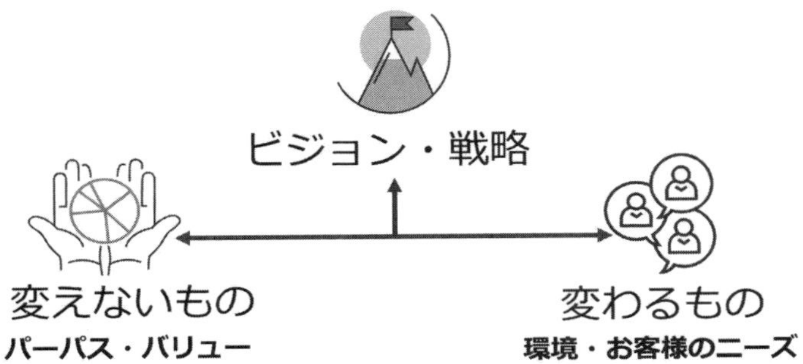

作ってもらっています。

パーパス的な意味合いも少し含まれるような場合もある作り方ですが、私はこれまで、サポートしている企業においてチームのパーパスを作ったことはありません。それを始めると、パーパスの「乱立」が起こって、ひとつの理想に共に向かえなくなるおそれがあるからです。

パーパスは、全社員がスッと同じものを口に出せる状態にしなければ浸透したとは言えないのに、あれも、これもとなると混乱してしまいます。

また、ビジョンという言葉の定義はさまざまですが、ビジョンとは、簡単に変えてはならない企業の価値観（パーパス・バリュー）と、刻々と変わる環境やお客様のニーズをつなぐものという定義をしています。

したがって、環境やお客様のニーズが変わったら、どんどん改定することをおすすめしているので、チームビジョンも「これが最終形」と緊張せずに、チームをよくするために、まずは作りましょうとおすすめしています。

チームのバリューに関しても、どのように扱うのかは、その企業毎の状況に合わせて判断しています。

ある会社は、バリューですでに詳しく行動が定義されていたため、チームビジョンとそれを達成するための３つのゴールを同時に作成しました。

また、ある会社では、バリューがとてもシンプルだったので、チームビジョンと会社のバリューに説明文をつける形でチームのバリューを作りました。

いずれにしても、ビジョンと行動の仕方を明らかにしている状態です。

どちらの会社も、アンバサダーに「よいビジョンの作り方」のワークショップを開催、ビジョンの作り方のコツを伝授した後、個々にチームの「つまどう会議」を活用して一度作って、全社の「つまどう会議」で発表会を行いました。

各チームのビジョンとそのバリューを完成させ、１枚のエクセルに全社分、全組織分が入力されたものを見たときは感動しました。

特徴的なのは、その後です。サポートさせていただいた２つの会社では、じつは修正の機会を作りました。

１年後に、使ってみてうまく行ったところ、また他のチームも見て羨ましたかったところなどを修正して、チームの「つまどう会議」で練り直し、再び大きな「つまどう会議」で発表しました。

最初に作ったビジョンは、作りやすくするために「私たちは○○のチーム、□□と△△で××を目指します」のように、ある程度の枠を決めて作ってもらっていたのですが、２年目は「自由に！」、枠を決めずに作ることにしました。

茶道や武道などの修行のプロセスを表した言葉に「守破離」という言葉があります。

最初は師匠に言われたとおりのやり方を守り、基本形を身につけます。慣れてきたら基本形から少し発展させ、最終的に基本精神は忘れてはいけないけれども師匠の型から離れ、自分自身で独創的に個性を発揮するというものです。

最初は「守」、１年間かけて現場で使いながら１年後に基本は理解しているだろうから「破」で作ってみようという流れです。ただし、守破離の破とはいえ、中身のないただエッジが立っているだけ、流行の言葉、カッコいいだけはNGです。

結果、どちらの会社も２年目はさらに自分たち「らしさ」がアップして、素晴らしいビジョンが完成しました。

アンバサダーたちが、全社の「つまどう会議」とチームの「つまどう会議」を組み合わせて工夫を重ね、自分たちの理想、判断基準、最優先事項を自分たちの手で徐々に明らかにしているという状態です。

この話だけでも本が1冊書けそうなので、ほどほどにしておきますが、パーパス・バリューへの理解も共感も深まり、より具体的な行動につなげられる素晴らしい展開となりました。

作り上げたチームビジョンも素晴らしいですが、その過程での「つまどう会議」でパーパス・バリューについて深く考えることが成長の鍵となったようです。

ビジョンとゴールの違い

チームビジョンの構成にしても、このあたりはそれぞれの企業の状況や、そもそものパーパス・バリューの構成にかなり影響を受けるので、これが正解というものはありません。

もし数値目標が必要であれば、ビジョンではなく、必要ならゴール設定をする際に入れることをおすすめしています。

そのようなことを言うと、ビジョンとゴールはどう違うのですか？　という質問がきます。

ビジョンを作る際に、ゴールと混乱しないように簡単に説明します。チームのビジョンの場合、このミックスのような状態で完成することもありますが、もともとは明確に分かれています。

ビジョンは英語ですが、未来像、映像、つまり見えているものです。最終的に見えている絵、シーン、到達したい場所です。ゴールはそこに辿り着くまでの目標です。目標の標は、「しるべ」とも読みます、そこへ行くまでの目印が目標です。つまりビジョンを達成するために、列挙するのがゴール（目標）です。

ゴール（目標）には、先行指標と遅行指標があります。遅行指標は、最終的な数字、例えば製造個数年間〇〇万個です。

先行指標は、それを達成するための指標となるゴール、例えば３製造ライン同時稼働などがあります。

営業で言えば、売上１億が遅行指標、訪問件数月間 30 件が先行指標です。

遅行指標の目標は終わってみないとわかりませんが、先行指標の目標は、途中経過を把握できるメリットがあります。

企業のバランス・スコアカード（ロバート・キャプランと デビッド・ノートンが生み出した４つの視点「財務の視点、顧客の視点、内部プロセスの視点、学習と成長の視点」で経営戦略を考える手法）では、先行指標と遅行指標をミックスすることを推奨しています。

「売上○○円を目指す！」だけというのは、私は、この場合のチームのビジョンには、あまりふさわしくないと考えています。それよりも、「どのようなチームにしたいのか？」「どのような職場にしたいのか？」を組み合わせたビジョンにしたほうが、モチベーションが上がるビジョンになります。

必要であれば、チームのビジョンに加えて、それを達成するための先行指標の含まれたゴールを作ると現実的なものが完成します。とはいえ、結果的に、ビジョンとゴールは、ミックスされたようなものが完成することはしばしばあります。

例えば、「隣の人に“困った”をいつでも聞けるチームで売上○○を達成！」のような形です。みなさんのチームも成果につながり、かつ全員のモチベーションが上がるパーパスと関連付けられたビジョンを作ってみてください。

第7章

「つまどう会議」進行のコツ

誰もが不安な会議の進行

この章は、実際に効果的に「つまどう会議」を進行するための、アンバサダースキルアップの解説です。

「つまどう会議」を開催したいけれども、ふだんは進行役（ファシリテーター）などやったこともないので、どうやってよいのかわからない。このような声をアンバサダーからもらいます。

参加者目線でやれば大丈夫なのですが、不安ですよね。

例えば、ファシリテーター養成講座という、進行役を鍛え上げる研修を実施すると、このような不安を持っている方が多いのがわかります。

●参加者があまり意見を言わない（やる気のない）ケースを打開したい
●意見が出やすい雰囲気づくりを知りたい
●発言のポイントをまとめ、そのポイントを抽出できる能力を身につけたい
●質問を投げかけるタイミングの見極め方を知りたい
●時間内に参加者の合意形成をとりたい

会議の進行役というと、どうしても「合意形成」（コミットメント）をとらなくてはと考える人が多いように感じますが、「つまどう会議」は、合意形成を目的にしてい

ません。「共感」と「気づき」を生み出すことが目的です。

多様な意見を引き出して楽しむ場と考えてください。何をテーマに話すのか、どのような順序でテーマを並べて話すのかを決めたあとの、実際の「つまどう会議」でのアンバサダーの役割は、明るく楽しい会議を演出して、多くの人の意見を拾って、「そうだ、そうだ」「わかる、わかる」「同じだ、同じ」という共感を生み出すことです。

答えを導き出そう、または導いてやろうなどと考える必要はありません。

人前で緊張しないコツ　その１

そうは言っても、人の前で話すのは緊張します。人前で緊張しないコツを３つ紹介しましょう。

まずは、準備。徹底的な準備です。一言一句まで暗記する必要はありませんが、大きな「つまどう会議」などで大勢の人の前で話す場合は、準備で自信をつけましょう。

使用するパワーポイントは、小さく並べて印刷したものを手元に置いて、予定時間も記入しておきます。

ちなみに年間5,000人以上の研修をする私ですら、研修の２日前ぐらいからストップ・ウォッチを片手に、通し稽古を時間の許す限りやっています。決められた時間に、自然と到着できるようにするためです。

よく、時間ぴったりでしたね、と主催者の方に言われますが、初めての研修でも、最終的に２分、３分の誤差の範囲内で収めるためには、繰り返し練習するしかありません。しかし、この練習は自信になり、緊張を無縁のものにする効果があります。

人前で緊張しないコツ　その２

もうひとつ、初めての大きな会議などの進行で緊張しないコツをお伝えしましょう。

それは、アイコンタクト、相手の目を見て話すことです。50人でも100人でも500人でも緊張しないのは、話す時に誰か１人の目を見て、その人に語りかけているからです。

１人に語りかけるだけなら常に１対１なので、通常の会話となんら変わりはありません。多人数の時は、１人に向かって話す、その人が頷いてくれたら、また次の人の目を見て話すということを繰り返しています。

１人の人が、頷き共感してくれるとそれが全体に波及しますので、心配しないで通常の会話と同じように１対１で試してみてください。

人前で緊張しないコツ　その３

人前で緊張しないコツの３つめは、最初と最後だけ台本を用意することです。全部の台本を作ると、どうしても台本に頼ってしまって棒読みになりがちですので、最初と最後だけで、あとは言うべきことを箇条書き程度にとどめましょう。

なぜ、最初と最後に台本が必要なのか？

それは、初頭効果と親近効果を作動させるためです。**初頭効果・親近効果は、「人は、最初に言われたことと、最後に言われたことが記憶に残りやすい」という効果のことです。系列位置効果とも言います。**

セールスの世界では王道で、特に初めに「興味深い」「メリットがありそう」と相手に印象づけるのは必須のテクニックです。

ワークショップや会議でも、最初の３分程度と最後の３分程度は、重要な時間帯なので、その部分だけは台本を作って何を話すか決めておき、その部分を特に練習しておくと自信を持って実施できます。

ワークショップ設計において、私は最初の部分を「つかみ」、最後の部分を「感動」と言っています。

最初の「つかみ」部分も大切ですが、最後に少し「感動」を演出できると浸透に関してはさらによい結果になります。「感動」を最後の部分に持ってくると系列位置効果で記憶にも残りやすいのです。

「つかみ」と「感動」、最初と最後と覚えておいてください。

次は、アンバサダーが進行する際に必要なテクニックをご紹介しましょう。

アンバサダーの心得　その1

大きな「つまどう会議」の場合は、いくつものグループが同時進行で同じテーマについて語っていますが、その際のアンバサダーの役割は、それぞれのグループを回って、参加者の意見をよく聞くことです。バインダーを手に、誰がどのような意見を言ってくれたのかをメモしながら、回っていくのもおすすめです。

私の「つまどう会議」中の写真をご覧ください。ファシリテーターというと、前に立って全員をひっぱるイメージですが、じつは参加者の演習中は、ニコニコしているか、口を閉じてひたすら意見を聞いています。

安心してください。「耳を傾ける」ことは誰でもできます。

アンバサダーの心得　その2

もちろん、たまに議論が脱線すると、軌道をもとに戻すための厳しめのアドバイスをすることもあります。

しかし、間違ってはいけないポイントは、**アンバサダー**

は、アドバイザーではないということです。

反感を買わずに軌道修正のための意見を言うよい方法があります。他の参加者の意見を引用するのです。

「あちらのグループでは、こういう意見が出ていましたよ」「前回の会議では、こんな意見が出ていたのですが、こちらのグループはいかがですか？」

上手く会議を回そうと、ついつい「どんなすごいことを言おうか」などと思うのですが、あくまで進行役に徹したほうがよい結果になる確率が上がります。

何度もやっていると自分の中に蓄積していきます。もしアドバイスをしたほうがよい場面であれば、「少しだけ」を心がけてみてください。

アンバサダーの心得　その３

全社の「つまどう会議」でも、チームの「つまどう会議」でも、同じことが言えるのですが、「つまどう会議」で共感を生み出す手法として、最もアンバサダーに活用してほしいのは、発表された意見をうまく「拾う」スキルです。

大きな「つまどう会議」では、このような進行をおすすめしました。

- **グループ演習　8 ～ 15 分**
- **グループ発表＆意見を拾う　20 分以内**
- **アンバサダーのまとめのコメント**

特に２つめの「意見を拾う」という部分が大切です。どうしても、意見を集約してコメントなど一言、二言、言いたくなります。確かに、うまいことが言えたらやっている本人は気持ちがよいでしょうし、多用しなければうまくいくでしょう。

でも、参加者は進行役の御高説が聞きたいわけではありません。毎度、毎度、参加者の意見を自分の言葉でまとめて、しまいには参加者にイラッとされるよりも、参加者の意見をていねいに拾うことだけを考えて進行したほうが、よい雰囲気で進みます。

ぜひやってみてください。大事なところなので、例を出して解説します。

例えば、チームの「つまどう会議」で、６人の参加者がいたとします。「どのバリューが響きましたか？」という質問に順に答えてもらうとします。

Ａさん：私は○○のバリューが響きました。それは、○○だと思ったからです。

アンバサダー：ありがとうございます、次はＢさん、いかがですか？

Ｂさん：はい、私は○○が響きました。

アンバサダー：なるほど、Ｃさんはいかがですか？

この進行は、最もダメな進行です。この１対１の対話の一方通行のような進行ですと「つまどう会議」は、まったく盛り上がりません。

ここで、参加者が言ったことを拾うのが、進行役であるアンバサダーの役割です。

参加者の意見を拾うには、傾聴という手法が役に立ちます。傾聴とはただ聴くだけでなく、耳と目と心、全身全霊で相手の話を聴く手法です。「つまどう会議」を上手く進行させるために、拾い方の４つのレベルをご紹介しましょう。

共感を生むためには、参加者に「私は、あなたの話をよく聴いていますよ」とわかってもらうレベルまでいくのが、大切です。

意見を拾う傾聴の４つのレベルを紹介しましょう。

レベル１「オウム返し」

Ａさん：私は○○のバリューが響きました。それは、○○だと思ったからです。

アンバサダー：なるほど、つまり○○ですね。

レベル２「別の言葉で言い換える」

Ａさん：私は○○のバリューが響きました。それは、○○だと思ったからです。

アンバサダー：なるほど、言い換えると○○ということですね。

レベル３「相手の気持ちを言う」

Ａさん：私は○○のバリューが響きました。それは、○○だと思ったからです。

アンバサダー：なるほど、つまり○○と感じたのですね。（感じたことを表現する）

注意点としては、レベル２の「別の言葉で言い換える」は多用しないことです。よく聴いてくれているという印象を深められますが、言い換えばかりすることは逆効果です。

レストランなどで、「お水ください」と言ったのに「おひやですね」とか、「冷たいコーヒーください」と言ったのに「アイスですね」と言い換えられたらイラッときますよね。そういうことです。

そして、いくつかのやりとりのなかで、これはよいポイントだと思ったときに、レベル４として、パーパス・バリューの大切なポイントをアンバサダーの言葉で言い換えるのです。この言い換えは、ここぞという時に使います。

野球で例えれば、毎回ホームランを打とうとバットを大振りするのと、よくボールを見てここぞというときにバットを振る。この違いわかりますか？　２時間だったら３回ぐらい、30分の「つまどう会議」なら、一度が目標です。

レベル４「パーパス・バリューに紐づける」

Ａさん：私は○○のバリューが響きました。それは、

参加者意見の拾い方

レベル１　オウム返し
なるほど、〇〇なんですね！

レベル２　相手の言葉を別の言葉で言い換える
（言い換えれば）つまり〇〇ですね！

レベル３　相手の気持ちを想像して言う
つまり、〇〇という気持ちですね！

レベル４　「パーパス・バリューに紐づける」
それは、パーパスで言う〇〇とつながりますね！

〇〇だと思ったからです。

アンバサダー：なるほど、私たちのパーパス〇〇にもつながりますね！

発言者の言葉を、うまくパーパスやバリューにつなげることができ、ひとりの発言にアンバサダー自身が深く共感していくと、その共感が周囲に広がっていきます。

例えば、次ページの写真の私、パーパスの「つまどう会議」をしているのですが、スタートして間もない時間だというのに、すでにこの方の発言で共感し過ぎてしまい泣いています。

新しく作られたパーパスをこの会社を大きくされたすでに亡くなられた経営者の方の言葉を引用して、噛み砕いてくださったからです。

このときの私の拾いは「亡くなられた○○会長がよくおっしゃっていた言葉ですね」というものです。

事前にこちらの会社の下調べを丁寧にしておいたので、たまたまこのような拾い方ができました。この共感が会場全体に広がっていくのを、私は感じました。

本当に説明するとうまく言えませんが、この写真のような状態を作っていただければと思います。

これが、大切な「参加者の意見を拾う」という進行役の大切な仕事です。

意見が出ない時はどうする？

「意見が出ない時はどうしましょうか？」

「意見が出やすい雰囲気づくりのコツはありますか？」

というのも、よく聞かれる質問です。

「つまどう会議」は、堅苦しい会議ではありません。特に小さい「つまどう会議」であれば、最初に答えがあるわけではないので、今日は楽しくやりましょうということを宣言してしまいましょう。

進行役であるアンバサダーが笑顔で進めることは絶対条件です。最初に今日の約束的に、お願いしてしまうのもよい方法です。

私は、うなずきと笑顔は 1.2 倍、誰かが発言したら拍手をして、お互い協力してよい時間にしましょうと、最初にお願いしています。

意見が出ないときは、待ちましょう。

考えてもみてください。ふだん考えたこともなかったパーパス・バリューの話です。誰もが最初からスラスラ答えられるわけではありません。

待っている間につぶやくと、効果的な魔法のコトバがあります。

「どんな小さなこと（気づき）でもかまいません」という言い方です。こんなことを言ったらおかしいかな、恥ずかしいなという気持ちを「どんな小さなことでもよい」という言い方で吹き飛ばしましょう。

「つまどう会議」のお約束

みんなで発表、みんなで協力

うなずき・笑顔1.2倍　今日は、拍手の日

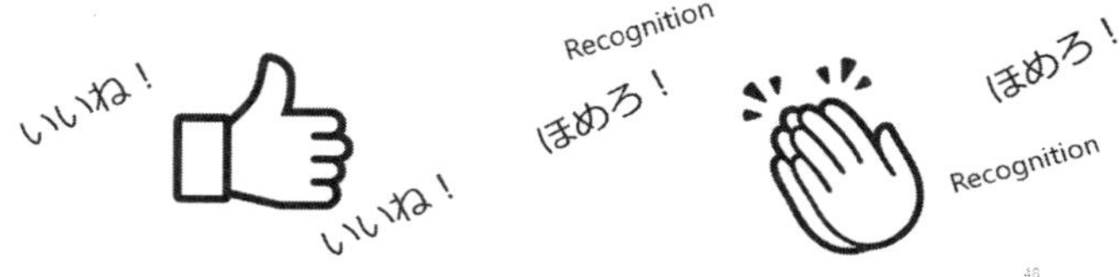

（HADI_TRESNANTAN/shutterstock.com）

それでも、自信がないという場合は、最初の数回は１人、または２人に発言してもらう旨、事前に頼みましょう。

これを業界用語で「仕込み」と言います。「〇〇について、ちょっと発言してもらうから、頼むね」と軽くお願いをしておいてください。

私の場合は、依頼されるのはほとんど大きな「つまどう会議」のほうです。大きな会社の「つまどう会議」は緊張も高まります。

そのような場合、最初に会場に入ると、始まる前に参加者に話しかけながら会場を回って、目の輝いて元気のよさそうな方に当たりをつけておきます。

そして最初に当てる人と、次に当てる人は、心の中で決めておくのです。これをやっておくと気持ちがとても楽になります。

最後に意見をもらう２～３人程度は、親近効果的に言えば非常に重要ですので、ワークショップ中によく観察して「この人」という方を決めるようにしています。場合によっては、その人が途中で発言したことを記憶しておきます。(印や簡単なメモをとっておいてもいいですね)

そして、最後に意見を言ってもらうときに、例えばこのように振ります。

「○○さんは、グループ演習でパーパスについて△△だとおっしゃっていて、私もまさにそこだ！　と思ったのですが、今日この時間をみなさんと共に過ごしていかがでしたか？」

こんなふうに高いアウトプットをみんなの前で褒められて気分が悪くなる人はいないと思っています。きっとそのグループ演習内で発言した素晴らしい内容に紐づけてまとめの話をしてくれるに違いありません。

「つまどう会議」のグループ編成

全社の「つまどう会議」など、おおぜいの社員が一堂に会する場合、ディスカッションをする際のグループを作る必要があります。ディスカッションをする適正人数というのがあります。おすすめは５～６人です。

４人でグループを組むと、ひとりどうしても参加したくなくて話したくない人がいた場合、実質稼働が３人とな

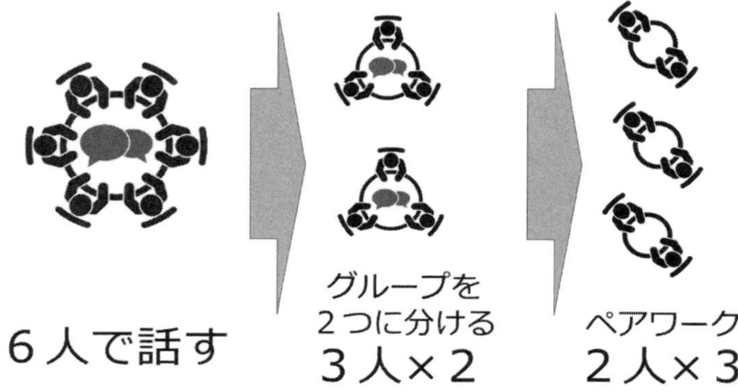

り、他のグループに比べて、そのグループだけが活力を感じられずどんよりしてしまい、いわゆるドボン状態になります。

ドボン状態になると、途中でグループチェンジをしたり、カンニングタイムといって、他のチームのディスカッションを見学する時間を作って、刺激を与えたりして効果的にワークショップを進めるための手間がかかります。

そのため、ワークショップの際、グループを組むときは、5人以上で組んでいます。5人と6人とどちらがよいかといえば、講師の立場からすると圧倒的に6人です。

ワークショップはグループワークだけでなく、ペアワークといって2人1組で話し合う演習もあるからです。

偶数であれば時間の無駄なくペアワークが可能です。5

人の場合は、2人と3人で分けるか、テーブルのエンドに座っている参加者に隣のグループの人と組んでもらっています。

それでは、いつも6人がよいかと言えばそうでもありません。例えば日頃PCと向き合って仕事をすることが多く、積極的に社内コミュニケーションをとらなくてもよいIT系の企業や、社風的におとなしいと感じ、あまり発言が得意ではないと予想できる場合などは、迷わず5人で組みます。そのほうが発言する機会が増えるからです。

例えば、12分のグループワークで6人であれば、1人2分ですが、5人であれば2分40秒と2割増しで話す機会があります。

「つまどう会議」の席決め

全社「つまどう会議」のような人数の多い場合に、活気あるワークショップを開催するために大切なことは、グルーピング（席決め）です。どのようにグループのメンバーを決めるかはとても重要です。

6人×6グループの36名のワークショップをイメージしてみてください。どのようなグループがよいと思いますか？

多様な意見というのが、ディスカッションには大切です。部門、年齢、社歴などを全部バラバラにして、ふだんはあまり話すことがない人同士の組み合わせにするのがおすすめです。

先にお伝えしたように、支店単位など地域に分かれての開催の場合も、ふだんは接点のない社員同士を同じグループにすることをおすすめします。

あらかじめ席次表を張り出すとよいでしょう。またはプロジェクターの画面に表示しておきます。

グループ内では、どこに座るのかは自由です。

これまで、全く話をしたことのない人と話し合うという体験はとても大切です。パーパス・バリューの浸透は、その組織のカルチャーを変えることでもあります。

先日、大きな「つまどう会議」を実施した製薬会社さんでは、グループ分けをとても上手にしてもらい、どのグループも多様な人の組み合わせで盛り上がりました。

その振り返りのアンバサダー・ミーティングを行ったところ、せっかくよいグループができたので、半年後ぐらいに同じメンバーで全社の「つまどう会議」の振り返り、そのとき決意した行動の振り返り（同窓会）をするのだと言っていました。

みなさんの組織でも、「隣の部門が何をしているかわからない」ということはありませんか？　専門性の高い仕事ですと特に、各部門がサイロのように上に伸びているものの、横の繋がりはまったくないというようなことが起こりがちです。

「つまどう会議」をきっかけに、この壁を崩しませんか？

大きな「つまどう会議」では、通常のワークショップより、「共感」を意識したものにするのがコツです。「なるほど、○○部門の△△さんも、同じ想いなのですね」「わかる、わかる」という共感を生み出すことで、部門間の風通しもよくなります。そのような意味からも、多様性重視の席決めが大切です。

なお、役員や本部長クラスが入る場合は、自由に意見が言えなくなるので、役員だけ別グループにしてしまいましょう。社長さんは、役員のグループに入るか、オブザーブ（見学）です。

ただし、挨拶だけして帰るのは無責任です。これからの会社の在り方を決める大切な場であり、その実践を社員に託すのですから、可能であればすべて見学して、最後に労いの言葉をかけるぐらいはしてください。このひと手間が成功につながります。

社内ワークショップのよくある失敗

社内で効果的にさまざまなワークショップを開催するた

めに、「ファシリテーター養成研修」を実施すると、「なぜワークショップは盛り上がらないのだろう。うちの社員は意識が低いのだろうか？」などと受講者のせいだと言わんばかりに話が始まることがあります。

しかし、ほとんどの場合、実施する方法（研修設計）やファシリテートスキルに問題があります。

社内実施の場合、業種を問わず気をつけたいポイントは「時間を無限だと思わない」こと。そのような養成研修の前には、会社内で実施されているさまざまな研修のプログラム構成などを見る機会がありますが、業種を問わず各社に見られる傾向が、時間に対する意識のぬるさです。

社内講師でワークショップを開催する場合、いくら時間を使ってもタダのような構成をよく見かけるのです。

プロの講師やファシリテーターは、そのように考えません。参加者が業務についていたらいくら稼げていたかを考えれば（これを逸失損益と言います）、最小限の時間で高いアウトプットが出せるようにするべきです。

60人の研修で遅れて来る人がいるので2～3分待ちましょうというのも、同じです。

3分待ったら60人×3分で180分、3時間分の損失が発生します。

演習時間に関しても、社内講師ですと長いものが多くな

パーパスについてグループで
60分考えて下さい

NG

長い！

ダレる！

時間もったいない！

りがちです。グループワークに関しては、いきなり60分のグループワークとか、90分のグループワークをするのは絶対にやめましょう。

このような長いディスカッションの時間は、講師は楽かもしれませんが、だめなグループがだめなまま時間が過ぎていきます。

効果的に意見を引き出すために、5分、8分、12分と内容を分割したワークを実施したのち、15～20分程度で考えてもらうほうがスピード感のあるワークショップとなり、参加者の満足度も上がります。

オンライン「つまどう会議」の画面

少人数のチームの「つまどう会議」は、オンラインで開催されることもあります。オンラインでの「つまどう会議」のコツについてもふれておきます。

セキュリティの関係でパソコンにカメラがついていない会社もあるのですが、そうでない場合、目指すところは全員画面オンで顔を見ながら実施することです。

事実（ファクト）を伝達するだけの会議と違い、「つまどう会議」の進行役であるアンバサダーは、自らの熱意を伝えること、そして、参加者の心を動かす熱意も大切です。

しかし、通常のオンラインでの社内会議で熱意を伝える場面は、そうそうないでしょう。

オンラインの「つまどう会議」をうまく進行するには、言うまでもなく熱意と共感を生み出すことが大切です。

画面がないと視覚情報が不足しますので、視覚情報を増幅するために画面オン、必ずしてください。

コミュニケーションに関して、人に影響を与えるものは何かという研究をした人がいます。米国の心理学者アルバート・メラビアンです。彼が編み出した「メラビアンの法則」によれば、コミュニケーションに影響を与えるのは、見た目が55％、声が38％、話の中身は７％だそうです。

対面で話す際は、この法則のように、どのように人から見えるか、しぐさ、表情、視線などが大切なのですが、オ

メラビアンの法則

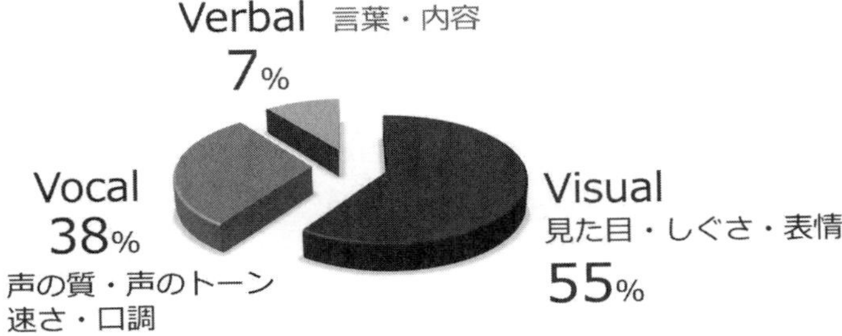

ンラインでこのような視覚情報が少なくなると、声の部分が重要になります。

メラビアンには申し訳ないのですが、オンライン会議では、この見た目と声の比率は、逆転などは当たり前、画面オフの場合は、93%が声に比重がかかってきます。だからこそ、画面オンで視覚情報を増やすこと、自分自身の話し方・声の出し方などについても、注意を払うことをおすすめします。

「うちのオンライン会議は、顔出ししないのが普通なんです」というアンバサダーがときどきいます。その場合、私が伝えているのは、まず自分が画面オンにすること。

そして、「みなさんと顔を見ながら話したいので、できれば画面をオンにしてください」とお願いするようにと伝えています。

ちなみに、画面をオンにするからには、自分自身の見え

方にも気を使いましょう。

画面の真ん中に顔がくるように位置を合わせるのを「日の丸」と言います。私は少し右にずらした所に中心がくるようにカメラの位置をセットしています。

真ん中で真正面を向くと「敵対」するような印象になると困るからです。

アンバサダーは参加者に画面オンの依頼をする前に、自分がどのように見えているかに気をつかいましょう。

実際に、アンバサダーの画面がオフであったり、あるいは嘘のような本当の話ですが（おそらくそのほうがカッコいいと勘違いしているのか）、横顔だったりする方もいました。明るく、楽しい会議を進行するならば、自然な雰囲気でお願いします。

オンライン「つまどう会議」は声が大切

オンライン会議では、声のトーン、速さ、口調などが大切です。自分の声にこれまで以上に注意を払い、できるだけお腹から声を出して話すようにしてください。

この話をすると長くなりそうなので、ちょっと心がけただけでも大きな効果をつかめる伝え方のコツを４つご紹介します。

●大事なことを言う前に一呼吸あける（間をあける）
●強弱と緩急をつける（抑揚をつける）
●ところどころで黙る（話のリズムを崩して惹きつける）
●喜怒哀楽を声に乗せる（仕方話をする）

特に、最後の「喜怒哀楽を声に乗せる」は効果的です。発言してくれた内容に対して、喜んだり、怒ったり、悲しんだり、楽しんだりを自分のリアクションとして120％ぐらいで表現すると、オンライン会議ではちょうどよいと思います。

落語家は大きな動きで舞台を移動することなく、その話術だけで観客を引きつけるのが仕事です。座ったままでも臨場感を出すために、「仕方話」（しかたばなし）という手法を多用しています。仕方話とは、あたかもそこに何かが見える、あるように思わせる話し方です。

「をっ、と横を見ると、川の上のほうから、まぁ、大きな大きな桃が流れて来るんですよ」と、身振り手振りたっぷり、扇子も小道具として大活躍させながら話をしています。

私もオンラインでの会議や研修のときは、大げさに表現して、会議の参加者の注意をひくようにしています。

オンライン「つまどう会議」のグループ演習

「つまどう会議」でなくても、オンライン会議を駆使して仕事をしている方も多いことと思いますが、このような「共感」を生み出すための会議では、通常とは異なり、さらに小さな分科会に分けてディスカッションすることがあります。

12人の少し多めの会議であれば、4人×3つのグループに分かれて意見を交換するための時間を何分か設けるというような使い方です。

オンライン会議のアプリケーションによって言い方はさまざまですが、使っている方の多いZoomですと、ブレークアウトセッションというものです。

チームの「つまどう会議」は、8名ぐらいまでのほうがやりやすいのですが、たまたま同じ仕事にかかわる人が多い場合は、このような少人数のディスカッションで「つまどう」の意見交換をすることになります。

注意したいポイントは、対面とオンラインの集中力の違いです。オンラインのほうが、対面より集中力が続かないので、このような「つまどう」のブレークアウトセッションの時間も 30 分では長すぎて、途中でトイレに行ったりお茶を淹れに行ったりの離脱をする人が出てしまいます。

チームの参加者はアンバサダーが把握しているはずなので、チームのメンバーのレベルに合わせて「つまどう」をする時間なども設定してください。

参考までに、私はオンラインでのブレークアウトセッションは８～12 分が多く、パーパスなどの意味を探る大事な「つまどう」でも最大 15 分にしています。

離脱が多いグループを作りたくなかったら、「つまどう」の投げかけも分割して進行したほうが、失敗がありません。

オンライン「つまどう会議」のチャット

３～４人のチームの「つまどう会議」では必要ありませんが、少し人数が多めで時間内に全員にまんべんなく発言してもらうのは無理という場合は、チャットボックスへ感想を書き込んでもらうことも、効果的です。

チャットボックスを使うなら、30分で2回などテンポよく小さな投げかけに対して、コメントを入れて、全員で共有していくというような使い方もおすすめです。

全社の大きな「つまどう会議」などでは、100人を超えたあたりからチャットボックスへの入力が速くなりすぎて、とても目で追えない状況になります。

300人を超えると目が回るようなスピードで書き込まれてしまい、とても読むことができません。

その場合は、最初にいくつか目立ったコメントを共有して、あとは終了後にメールなど別の方法で共有することを伝えます。通常は「コメント抜粋」として、だぶりのないようにこちらで編集してみなさんと共有することにしています。

その際は、ネガティブコメントも間引かずに、おそれず共有するようにしています。

このコメントは、まだ理解できていない人に恥をかかせるわけにはいきませんので、匿名投稿機能があれば、匿名での投稿もOKというルールにするとよいと思います。

オンライン「つまどう会議」は怖くない

オンライン会議だと伝わらないかもしれないという不安の声をよく聞きますが、私はむしろ、参加者のみなさんに負担がないのであれば、オンラインでの「つまどう会議」をおすすめします。

「つまどう会議」は続けることが大切で、そのためには参加者の負担はできるだけ軽くするほうがよいからです。

オンライン会議だと伝わらないという印象は、いろいろなこれまでの体験からきているのだと思います。例えば、周知させる会議のように一方的に話すだけの会議で、途中見えないところで参加が離脱してしまっている場合もあるでしょう。

またオンライン会議だと、話し手だけが音声をオンにして、発言しない人たちはミュートという音声オフの機能を使うことが多く、どうしても話す人が順番で、対面のように途中で「あぁ、そうそう」「そうだよね」「わかるわかる」などの相槌が入れられないというのも「伝わらない感」を増幅される理由のひとつです。

４～５人であれば、「つまどう会議」中は差し支えのない人は全員ミュートを解除してもよいと思います。

また、それぞれのオンライン会議のアプリには、「いいねボタン」や「拍手ボタン」がついていますので、会議中よい発言があったら、そのような機能を駆使して共感を増幅させてください。

進行役のアンバサダーから参加者へお願いもしてほしいですが、まずはアンバサダー自身がそのような機能を積極的に使うことが大切です。

おまけの章

社長の仕事「講話」

浸透を推進する社長の講話

この章は本書を読まれた社長・経営者層向けに、効果的な講話についてお話しします。

トップが繰り返し、繰り返し、社員の前で話すことは大切です。では、どのように 伝えれば、社員の心にぐさっと刺さるのでしょうか？

本書の冒頭で「社長の講話では伝わらない」と言いましたが、これまでと伝え方を変えさえすれば、トップから直接パーパスの意義を語ってもらうことは、とても効果的です。

じつは社内でもっともパーパスを浸透させたいと熱い心を持っているのは、間違いなく社長自身だからです。

講話とは、そもそもわかりやすく説いて聞かせること、おおぜいの人にわかりやすく講義することです。大切な社長のお話という意味で、多くの日本企業で使われています。

まず、この講話という上から目線な言葉を、会議の予定表（アジェンダ）では「社長のパーパスへの想い」という言葉や「みなさんにお伝えしたいパーパスのこと」などというタイトルに変えることをおすすめします。

本書をここまで読まれた社長は、パーパス・バリューの浸透をアンバサダーにまかせてボトムアップで浸透させようと決意してくださっていることと思います。

第５章以降を飛ばし読みし、後は部下に任せようと、すでにアンバサダーの人数分の書籍を発注してくださったかもしれません。

そのように決意されたからには、社長として、どのような行動・態度をとり、どのようにその決意を社員に伝えるのがよいでしょうか？

まず、パーパスは「社長の主張ではなく、We（私たち）のものである」ということを忘れないことは、大前提です。

パーパスについて話をする際は、以下の３つの実践をお願いします。

①社員への話のアプローチは、社員目線、社員メリットから話し始めること
②社長自身が一番のパーパス・バリューの体現者・実践者であること
③浸透推進の旗振り役であるアンバサダーに常に感謝の気持ちを伝えること

まずは社員の目線、社員メリットからのスタート。パーパスで目指したい会社の未来の話からしたいかもしれませんが、その説明をする前に、まず社員へのメリットです。

話の始めは、「みなさん、私たちの職場を、よい職場、働きがいのある職場にしたいと思いませんか？」でいきましょう。

そして、パーパス・バリューの意味づけは「つまどう会議」にまかせて、アンバサダーにパーパス・バリューの体現者という役割を求めるのですから、自らがパーパス・バリューの体現者であり、実践者であることを示してください。

社長自らのパーパスの実現のために心がけていることや、実際にどのように行動を起こしたのかの体験を語るのです。

人に何かをやらせるのではなく、自分が何をする、やったのかを語ることが大切です。

自分自身の体験を入れることで、話の説得力を増す手法を「ストーリー・テリング」と言います。直訳すると「物語を語ること」です。自分のパーパス・バリュー実践の物語を語ってください。

そして、浸透の旗振り役であるアンバサダーに感謝の気持ちを忘れずに伝えましょう。もっと言えば、共に「つまどう会議」を通して、会社のことを考えてくれている社員のみなさんに対しても感謝の言葉を伝えてください。

偉い人の挨拶で、私がお手本として思い出す方がいます。担当していた約300名の医療情報を提供する会社の副社長だった方が、すばらしかったのです。

その方は営業部を統括されながら人事担当役員も兼務されていて、社員研修にも積極的にかかわっている方でしたが、いつも参加者である社員に感謝の言葉を伝えておられました。

感謝に関しては徹底されていて、研修の際に出張が入ってしまうと、ていねいなお礼の文章を参加者に渡していました。

今ならメールでしょうが、当時はA4 1枚程度の紙で、最後にご自身の直筆の署名がされていました。その署名を今でもありありと思い出せるほど社員への想いが伝わる素敵なものでした。

この方が、よく言われていたことがあります。

「組織は英語でOrganizationだけれど、この本来の意味はOrganic（有機体）という意味で、つまりいろいろな生命体（社員）が集まって、関係を構築して有機的に会社という組織を構成している」

当時は難しいことを言われる方だなと思いましたが、要は「１人ひとりの社員は有機体の大切な構成員であるから、大切にする」ということです。

パーパス・バリューを浸透させていくのは、まさに、その１人ひとりです。そして社長以外で最初に動いてくれるのが、アンバサダーです。

パーパス浸透をアンバサダーに任せたのなら、忙しい業務の中で、その新しい任務を遂行してくれているアンバサダーに感謝の気持ちを忘れずに！

最後に実際の事例を２つご紹介します。

第8章
事例紹介

株式会社 NTT データフロンティア

ラベルが人を変える「全員アンバサダー計画」

株式会社 NTT データフロンティアは、従業員数 11 万人超、グループ総売上 2 兆円超という日本最大のシステム・インテグレータである NTT データグループの一翼を担い、優れた技術力・開発力を武器に、特に金融業界向けシステムの開発・保守運用に強みを持っている企業です。

今回ご紹介させていただくのは、新規ビジネスを生み出すために 2020 年 7 月に設立された第三システム開発本部です。（メンバーは 2023 年現在で約 140 名）

同社の中でも、攻守でいえば「攻める」のが使命の飛躍を期待される部門です。

2020 年 12 月より新設部門の存在意義と方向性を明確にして、共に成長するための行動基準を作ろうという趣旨で、会社の経営理念と一線化された部門のミッション・ビジョン・バリュー（MVV）策定プロジェクトをスタートしました。

現在、スタートから丸 3 年が経ち、私が進行役を務めたワークショップ開催回数だけで 17 回、アンバサダーとのミーティングはすでに数え切れず、現在は MVV の浸透フェーズになっています。

本書でご紹介したチームの「つまどう会議」もこの会社

株式会社 NTT データフロンティア
執行役員　第三システム開発本部長　加納友季子さん（写真中央）とアンバサダーリーダーズのみなさん

から始まりました。

私の現在の役割は、アンバサダーコーチです。アンバサダーに社内での浸透を任せて数年経つと、自分たち「らしい活動」を次々思いついて、アンバサダーのみなさんが自走し始めます。

この瞬間に立ち会えるのは、子供が思ってもいなかった有名大学に入学するようなというか、はたまた想定を超える大きな表彰をされてしまったような、まったくうまく表現できませんが、想定外の喜びでいっぱいです。

なぜこのような言い方になるかと言うと、じつはこちらは当初、私史上最大に苦戦を予想していたからです。

リモートやお客様先で仕事をしている方も多く、部門への帰属意識などの醸成もむずかしそう。そしてIT企業特有の、営業職の方もいない技術者集団、よく考えて行動、落ち着いた行動、ひとりでの深い思考を好む方が多く、失礼を承知で言うと、少々醒めた感じの、叩いても熱くなりそうもない方が多いかもしれないという印象だったのです。

しかもスタート時点では、コロナ禍もあり、オンラインでのワークショップ。セキュリティの問題でカメラなしの方も多いとはいえ、100人以上いるはずなのに画面オンの方が5～6人のオンラインワークショップを想像してみてください。進行役としては泣きそうでした。

しかし、結果は嬉しい、大番狂わせの大躍進。第三システム開発本部は2022年には、「リモート主体での組織運営を前提とした一体感醸成・コミュニケーション活性化」の社長表彰までいただいています。

月に1度の本部としての「つまどう会議」や、週に1度のチームの「つまどう会議」で自分たちの共通言語を生み出し、それを浸透させてきたので、離れたところで仕事をするのも、この部門のメンバーにとってはまったく問題なし。

この部門をリードされてきた執行役員で第三システム開

発本部長である加納友季子さんの厳しくも温かい組織運営と、それぞれの技術・得意技を活かして成長してもらいたいという強い想いもあり、新設部門は、まさにこのMVV（ミッション・ビジョン・バリュー）浸透活動でひとつになりました。

このような浸透活動の結果を出してきたアンバサダーたちの成長をサポートするアンバサダーコーチングのプロセスは、感動でいっぱいです。

なかでも素晴らしかったのが、「全メンバーアンバサダー計画」です。きっかけは、アンバサダーとのオンライン・ミーティングで起こりました。

このミーティングは、ここまでのアンバサダー活動を振り返り、うまくいっていることやもう一歩改善したい点を共有する目的のために実施しました。そのディスカッションでは、このようなやりとりがありました。

●最初はMVV（ミッション・ビジョン・バリュー）に対して思い入れがなかったのに、アンバサダー活動を通じて自覚が生まれてきた。

●それならもっと浸透させ、私たちが次のステージへ進むために、最終的に全メンバーがアンバサダーになるように、どんどんアンバサダーを増やそう。

そのアイデアを聞いて、今度は別のアンバサダーがまた発言します。

●私たちも最初からアンバサダーだったわけではなく、この活動を通じて動機づけされていったと思うので、アンバサダーになってもらうというラベルを先に与えて、そこから動機づけしていくというやり方もある気がします。

そこで、「であれば！」ということで、あるアンバサダーの方が、次のようなアイデアを提案しました。

●これまで２年近く活動してきたアンバサダーを１期として、２期アンバサダー、３期アンバサダーと増やしていこう。そうすると、どんどんアンバサダーと言われる人が増えていき、アンバサダーとアンバサダーではない人の数がある時逆転するタイミングがくる。そこでパラダイムシフトが起こる。気づいたら組織が変わっている。私たちが、そのような組織になれたら最高じゃないかな？

この発言がきっかけになり、議論が進み、アンバサダーは１年でお役御免ではなく、１期、２期とどんどん増やしていくことが決まりました。

このときのディスカッションで私が受けた「これほど自走してくれるのか！」「もう、私がコーチをしなくても大丈夫」という感動と衝撃は相当なものでした。

実際、第１期のアンバサダーが約30名、第２期アンバサダーが約20名任命され、このメンバーたちは、パーパス浸透の旗振り役として、実践者として有言実行で活動を継続中です。

実際問題このようにアンバサダーを増やしていくと、だんだん人材不足にならないのか、特にリーダー候補が足りなくならないのかなど、心配になりますが、活動の過程でどんどん賛同者が増えて、「あと2、3年先までのアンバサダー人材は余裕です」との力強い回答。

このように、アンバサダーが自走を始めると、もう止まらない勢いがつきます。

アンバサダー第2期リーダーの大下光さんに、MVV浸透活動をしてよかったことを伺ってみました。

●チームとしてよかったことは、ウィークリー・ハドルが開催されるようになり、それを通じてチーム内の会話が活発になり、メンバーのことを知る機会が増えたことです。

MVVの活動をする以前は、案件ごとにお客様がバラバラのために、同じチームでありながらも部門内のメンバーとあまり話す機会がなかったのが、今では仕事で何を大切に考え、何を頑張っているのかだけでなく、メンバーの好きな食べ物や趣味まで、互いによく知っています。

また、少々控えめな表現ではありましたが、部門全体ということであれば、MVV 活動のビジョンやそれを達成するための行動を意識する過程で、仕事を、少し大きく言うと経営を俯瞰するような経験ができていることも大きな収穫とのことでした。

ちなみに、社員がこのような発言をされたら経営者としては涙が出るほど嬉しいと思いますが、まだ入社されて5年目です。

また忙しい業務の中、負担も大きかったのではと思いましたが、大下さんにアンバサダーになってよかったことも伺ってみました。

●一番よかったことは、担当や年代の垣根を超えて同じ目標を見据えた仲間ができたことです。アンバサダー同士は定期的にミーティングを行っていますが、部門が異なっていても、先輩社員のアンバサダーからは一段上の広い視野からアドバイスがもらえます。同世代の若手からは、さまざまな斬新なアイデアがどんどん出てきます。

このように年代を超えて協調し、ときには意見をぶつけあいながら、MVV（ミション・ビジョン・バリュー）の浸透と達成について共に頭を悩ませるのが刺激的です。

アンバサダーとそれぞれのメンバーの成長をサポートするだけでなく、アンバサダー自身も成長を実感できるのが、素晴らしいですね。

この部門の本部長である加納さんは、このようにコメントをしてくださいました。

●三開本（第三システム開発本部）の発足当初、本部独自の文化を醸成したいと考え、柏さんと相談し、MVV プロジェクトを始めました。半年かけて部課長でビジョン、メンバーでバリューを共に作り上げていただきましたが、その浸透が一番大変であり、肝であると覚悟していました。

今、メンバー全員アンバサダー計画が突破口となり、アンバサダーのみなさんが自律的に考え、活動してくださる姿を見る機会が増え、三開本の文化は確実に醸成されてきていることを実感しています。忙しい業務の合間を縫ってアンバサダーとして活動してくださっているみなさんには、感謝しかありません。

このようにアンバサダー活動で組織を変えていくだけでなく、アンバサダーそれぞれが活動を通じて成長していく。そして、組織のトップはそれに心から感謝している、とても素敵ですよね。小さな一歩からでも組織を変えていく。みなさんの会社でも、アンバサダー主体、「私たち」目線の浸透活動をしませんか？

社名にもあるフロンティア（開拓者魂）の旗を持ち
MVV（Mission Vision Values）のマークを表現してくださいました！

株式会社　NTT データフロンティア
所在地　〒 108-0075 東京都港区港南 1 丁目 9 番 36 号
アレア品川ビル 25 階
代表取締役社長　服部　高弘
設立　1991 年 7 月 30 日
従業員　784 名（2023 年 4 月 1 日現在）
事業内容：情報処理システムの開発、販売、運用および保守情報処理システムに係るソフトウェアおよびハードウェア

NOK 株式会社

心が動く瞬間を作り出せ！
浸透を加速させた管理職 500 名の「つまどう会議」

NOK 株式会社は、世界中で事業を展開し、従業員がグループ全体で約 3 万 8,000 人、独自の技術で 80 年以上業界を牽引してきた歴史の長い製造会社です。

私は 2022 年にパーパス・バリュー策定からお手伝いをさせていただいています。

NOK のパーパス・バリューは以下のとおりです。このパーパス・バリューを基軸とした未来への変革を志しておられます。

NOK Purpose & Values

Our Purpose

可能性を技術で「カタチ」に

Our Values

RESPECT	**多様性を認めあう**
IGNITE	**自分事で考える**
EXPLORE	**なぜを繰り返す**
EXCEED	**できないをできるに**

そして、夢を追い続ける

2023 年 4 月に社内公表し、いよいよパーパス・バリューの浸透がスタートしました。

浸透活動の最初のフェーズでは、以下のような階層別にカスケードダウンを進めることにしました。

●経営層への浸透ワークショップ
●部長層へのワークショップ　約 500 名
●副部長・課長層へのワークショップ　約 900 名

現在、副部長・課長職の１日ワークショップを展開中ですが、このワークショップは、パーパスの「つまどう会議」から始まり、アンバサダー（NOK ではエバンジェリストと呼称）としての考え方やスキル、メンバーとの対峙の方法まで網羅したものです。

最終的にこの約 900 名のアンバサダーが社内への浸透、つまり日々の業務の中でパーパス・バリューを判断基準として使えるようにすることをゴールにしています。

組織が大きいと、浸透もどこから手をつけてよいのか、迷うことも多いと思いますが、話の伝わる単位までアンバサダー活動を分割して、現場主導のローラー作戦で「自分ごと化」を目指しています。

旗振り役の要となるのは、アンバサダーになる皆さんですが、それに先立って、どのように展開すれば浸透速度が上がるのか議論した結果が、その上司にあたる海外事業の社長、本部長クラス、国内部長クラスに対してのアプロー

チです。もし、この管理職層に「短時間」で「一気」に浸透の「鍵」を渡すことができたならば？

それは、アンバサダーたちの活動を側面フォローし、浸透速度を加速できるのではないかとの結論に至りました。
まずは、世界のリーダー約500名が一堂に会するNOKのグローバルサミットという会議の場で、パーパス・バリュー浸透ワークショップを開催することとなりました。

500人規模で行う巨大な「つまどう会議」です。会場は、東京お台場の海を見渡せるホテル、最高の環境です。
この企画をリードされたのが、コーポレート・コミュニケーションの専門家である執行役員の古川裕子さんです。社内外コミュニケーションの向上や組織風土変革など幅広い業務を担当されていますが、パーパスに関しても高い知見をお持ちでした。
パーパスはお客様との約束であり、これが達成できなければ市場から退出である、だから、パーパス・バリューでNOKのカルチャーを変え、社会に向けて貢献できる企業にするという強い決意で動いておられます。

鶴社長の想いは、「社員の心に火をつける」。海外の方が30％程度いらっしゃいましたので、同時通訳も入るすべて日英の2か国語対応です。
この結果は、大成功でした。反響はものすごく、「こういうのを待っていた」という熱狂的な声。その日のうちに「詳しい資料がほしい」等のお声をたくさんいただきました。

では、なぜ熱狂を生み出せたのでしょうか？
答えは、しっかりとしたコンセプトと実際の仕掛けです。

ワークショップの中身については、3か月前から議論を重ね練り上げていきました。そして、このような大きな「つまどう会議」は、私も初めての経験でしたが、内容だけでなく、古川さんの会議全体の構成力や演出には圧倒されました。
最後には風船が飛び、いつのまにか実施したばかりのワークショップのみなさんの笑顔を編集したビデオまで作られていました。
心を動かす仕掛けの数々で徐々に会場が熱いうねりのようなものを生み出している状態になり、約500人の心が動く瞬間を私自身も確かに感じ取ることができました。

この大きな「つまどう会議」で学んだこと、それは「共感」を創り出すための、「感動」体験の大切さでした。
古川さんは、このパーパス・バリューの浸透について次のように語っています。

「パーパス・バリューの『浸透策』とは言いますが、本当はその言葉は適切ではないかもしれないと考えています。1人ひとりが、それぞれの心で理解し、自分なりの言葉でその意図を伝えられるようになってこそ、会社・組織のカルチャー醸成に好影響を与えるのです。人の心を動かすのは、やはり人です。たとえ大勢であっても、わんわん先生のように圧倒的な熱量であれば、このミーティングデザインは、きっとうまくいくと信じていました」

ちなみに、私はNOKのみなさんから親しみを込めて、ニックネームである「わんわん先生」と呼ばれています。今、コメントをいただいても、あれだけの規模の会議の成功を初めから信じてくださっていたのが、信じられない気持ちです。

本書では浸透のアプローチ角度が上から目線にならないようにと繰り返し書いていますが、「浸透」という言葉自体が、まだまだ上から目線ではないかという示唆を古川さんからいただいているのではないかと思います。

「人の心を動かすのは、人」

パーパス・バリューを定着させて会社・組織のカルチャーを変えていく「浸透」は、水が地面に染み込むような上から下への浸透ではなく、水面に落ちた一粒の水滴が波紋を作るような、心を動かされた１人のアンバサダーのひとつの行動から会社・組織が変わること。これがアンバサダー活動で浸透を目指す「私たちのパーパス・バリュー浸透」だと改めて強く思いました。古川さんとの「心に火をつける」着火活動はまだまだ続きます。

事例　　NOK 株式会社
所在地　〒 105-8585 東京都港区芝大門 1 丁目 12 番 15 号
代表取締役　社長執行役員　CEO　鶴正雄
設立　　1939 年 12 月 2 日（創立　1941 年 7 月 9 日）
従業員　37,913 名（連結／ 2022 年度末）
　　　　3419 名（単体／ 2022 年度末）
資本金　233 億円
売上　　7,100 億円（連結／ 2022 年度）
　　　　2,187 億円（単体／ 2022 年度）
株式　　東京証券取引所　プライム市場
事業内容：シール製品・工業用機能部品・油圧機器・プラント機器・原子力機器・合成化学製品・エレクトロニクス製品・その他の製造・仕入・輸入・販売並びに機械器具設置工事等上記に付帯する業務

おわりに

パーパスをブームで終わらせたくない、そのような思いで本書を一気に書き上げました。

自分でパーパス・ワークショップの進行役をする際は、講師としての長年の職人芸のような部分も多々ありますので、それを誰にでもできるような形でお見せするのは、本当に大変な作業になりました。

研修講師としての企業秘密的ノウハウを後先考えずに開示し、できるだけ、どなたでもできるよう、ここだけ押さえておけば大丈夫というところを解説したつもりです。

実際は、それぞれの会社の持つ課題はさまざまで、浸透の方法もひとつではありません。「こんなやり方じゃない」とお感じになった部分もあったかもしれません。でも、そこは、ぜひ大きな心でお許しいただき、使える部分をみなさんの会社の課題に合わせてカスタマイズしてご活用いただければと思います。

そして、1回15分からのパーパス・バリューの「つまどう会議」でじわじわ、じわじわと体質改善のように組織風土を変えていき、結果的に社員の方1人ひとりが「こうありたい」という想いを胸にいきいきと働けることを願っています。

最後までお読みいただきありがとうございました。

ご意見・ご感想、お問い合わせなど、お気軽にメールをいただければ嬉しいです。

info@pygmalion-hrd.com

ピグマリオンのホームページでは、さまざまな事例や資料のダウンロードなどをご用意しておりますので、よろしければご覧ください。

https://pygmalion-hrd.com/

2024年 5月 21日
株式会社ピグマリオン　柏　惠子

Special Thanks

大滝由子さん：「私のため」のアドバイスにいつも感謝。
矢島美代さん：出版の最後の決意は、あの日、あの時。
勝間和代さん：ついに出せたよ、この本が！
松浦民恵さん：頑張ることの大切さを教えてくれた人。
森本千賀子さん：いつも奇跡のようなご縁をありがとう。
高橋進さん：ご支援の賜物で講師継続。
廣瀬幸太さん：褒めてもらって育ちました！
木村龍也さん：尊敬する経営者、私の影のアドバイザー。
福富康弘さん：よくぞすべてお任せ下さいました！
吉岡智明さん：あれほど熱中したパーパス作りは……。
紺野沙友莉さん：パーパスの力をあなたの言葉で実感。
鈴木健二さん：すべてはあの理念サーベイから。
松田雄二さん：変わらぬ応援を感謝。
古川裕子さん：共にワークショップを作る楽しさ！
中西晶士さん：冷静で的確な判断に何度も救われました。
加納友季子さん：雑貨屋さんではじめて会った奇跡。
杉村淳子さん：挑戦する沢山の機会を、Special Thanks！
ダイクス順子さん：アンバサダーってネーミング最高。
野沢暁さん：みなさんの成長がもうたまらない喜びです。
和田久美子さん：愛あるアドバイスをありがとう。
是枝真紀さん：京王線の中でなんでも決める私たち。
福島純子さん：議論しながら、北へ、南へ。
牟田香奈さん：登りがきつくても議論は続く、登山討論。
赤津恵美子さん：温泉で喋りすぎて怒られる私たち最高。

下地五月さん：本を出すきっかけをありがとう
花形照美さん：タイトル決めのブレストも山登りで。
安田喜根さん：ご縁に感謝！
すべてお名前を掲載させていただくことはできませんでしたが、この本の出版までには、さまざまな場面で多くの方に助けていただきました。これまで、共に研修を作り上げて下さったすべてのお客様に感謝します。

著者紹介

柏　惠子

株式会社ピグマリオン
代表取締役社長
人材育成コンサルタント・研修講師
明治大学専門職大学院グローバルビジネス科
経営学修士（MBA）

最高年間売上 50 億、「タラバガニの女王」と呼ばれた元カリスマ冷凍水産物バイヤーの異色コンサルタント。
2005 年より米国研修会社フランクリン・コヴィー・ジャパンでシニア・コンサルタントとして組織活性化・人材育成に 12 年間携わる。
「7 つの習慣 ®」研修世界販売ランキング第 7 位。

2017 年株式会社ピグマリオン設立。
パーパス策定・浸透、および自身の経験を生かした営業研修を展開、年間受講者数は 5000 人を超える。
「想いをエネルギーに生きる人を育てる」を掲げ
パーパス策定・浸透ワークショップ、アンバサダー養成、アンバサダーコーチングなど、多くのプログラムをパワフルにリードする。
2021 年製薬会社営業職向けの書籍「突破せよ！新時代を生きぬく MR の掟」（医薬経済社）を出版している。

株式会社ピグマリオン　ホームページ
https://pygmalion-hrd.com/

パーパス関連の資料をダウンロード
https://pygmalion-hrd.com/resource/

ピグマリオン　メールマガジン（講演イベント情報）
https://w.bme.jp/bm/p/f/tf.php?id=pygmalion&task=regist

パーパス浸透の教科書

2024 年 5 月 21 日　初　版　第 1 刷発行

著　者　柏　惠子
発行者　安田喜根
発行所　株式会社 マネジメント社
東京都千代田区神田小川町 2-3-13
(〒 101-0052)
電話　03-5280-2530（代）
FAX　03-5280-2533
ホームページ　https://mgt-pb.co.jp
問い合わせ先　corp@mgt-pb.co.jp
印　刷　モリモト印刷 株式会社

ISBN978-4-8378-0522-9 C0034
定価はカバーに表示してあります。
落丁・乱丁本の場合はお取り替えいたします。